中国资源能源与可持续发展2022：金属碳中和战略研究

清华-力拓资源能源与可持续发展联合研究中心　著

北京

冶金工业出版社

2023

内 容 提 要

本书由清华－力拓资源能源与可持续发展联合研究中心（简称清华－力拓中心）研究团队的师生共同完成，是清华－力拓中心《中国资源能源与可持续发展》系列专著的第三部。本书基于该中心"金属碳中和"旗舰项目第一阶段研究成果撰写而成，聚焦钢铁和有色金属等产业低碳转型中的关键问题，介绍了关于政策行动措施、产能布局优化、低碳技术评估、核算方法改进等多方面问题在多学科交叉视角下的研究认识。本书的出版将有助于读者综合理解全球气候变化背景下"金属碳中和"这一资源能源与可持续发展的关键议题，从而为相关政策制定和行动实施提供参考。

本书可供冶金、能源、环境等行业的相关工作人员，包括专业研究人员、政府官员、企业管理者等阅读参考，同时也可作为了解金属行业如何实现"双碳"目标的科普读物。

图书在版编目（CIP）数据

中国资源能源与可持续发展.2022：金属碳中和战略研究/清华－力拓资源能源与可持续发展联合研究中心著.—北京：冶金工业出版社，2023.12

ISBN 978-7-5024-9685-2

Ⅰ.①中…　Ⅱ.①清…　Ⅲ.①能源经济—可持续性发展—研究—中国　Ⅳ.①F426.2

中国国家版本馆 CIP 数据核字（2023）第 232840 号

中国资源能源与可持续发展 2022：金属碳中和战略研究

出版发行	冶金工业出版社	**电　话**	（010）64027926
地　址	北京市东城区嵩祝院北巷 39 号	**邮　编**	100009
网　址	www.mip1953.com	**电子信箱**	service@mip1953.com

责任编辑　夏小雪　美术编辑　彭子赫　版式设计　彭子赫
责任校对　范天娇　责任印制　窦　唯
北京捷迅佳彩印刷有限公司印刷
2023 年 12 月第 1 版，2023 年 12 月第 1 次印刷
710mm×1000mm　1/16；8.5 印张；139 千字；118 页
定价 98.00 元

投稿电话　（010）64027932　投稿信箱　tougao@cnmip.com.cn
营销中心电话　（010）64044283
冶金工业出版社天猫旗舰店　yjgycbs.tmall.com
（本书如有印装质量问题，本社营销中心负责退换）

《中国资源能源与可持续发展 2022：
金属碳中和战略研究》撰写组

指导委员会： 何建坤　李　政　姚　强　王　灿　张希良
　　　　　　　王赞基

组　　　长： 麻林巍

副 组 长： 袁　凌

成　　　员（按姓氏首字母排序）：

白　旭　蔡闻佳　常世彦　陈泽宇　崔学勤

邓浩华　邓昀锋　窦　昊　杜世龙　葛　诺

顾炜伦　郝　瀚　何瑞鹏　侯宗余　姬建训

李　冰　李　晋　李　军　李瑞瑶　林园铖

刘　钊　刘家岑　刘建喆　马思宁　欧训民

任　磊　石隽隽　宋惟然　宋玉洲　孙　鑫

王　哲　吴金希　吴永涛　谢璨阳　徐芷萱

苟邓晔　杨　超　杨宏华　杨姗姗　袁　园

张　杰　张利娜　张诗卉　赵上勇　赵　晨

郑凯伦　周　剑　周玲玲

技 术 协 调： 杨姗姗　赵　晨

篇章作者：

第一篇

麻林巍　袁　凌　杨姗姗　赵　晨　何瑞鹏
郑凯伦　徐芷萱

第二篇

麻林巍　杨姗姗　常世彦　李　冰　蔡闻佳
欧训民　周　剑　周玲玲　吴金希　李　军
王　哲　侯宗余　郝　瀚　等

（主要作者按章节顺序排序，章节全体作者
详见各章最后一节）

第三篇

麻林巍　林园铖　袁　园

全球范围内日益频发的极端天气事件警示我们，气候变化不仅是眼前的危机，更是人类面临的长期深层次挑战。最新发布的联合国政府间气候变化专门委员会（IPCC）第六次评估报告指出，人类活动引发的全球变暖，正在使大气圈、海洋、冰冻圈和生物圈发生广泛而迅速的变化，气候变化已经在生态系统中造成巨大破坏和越来越不可逆转的损失。为实现人类社会永续发展，人类亟需开展自我革命，团结协作，携手积极应对气候变化。

2015 年《联合国气候变化框架公约》缔约方会议通过的《巴黎协定》，确立了在 21 世纪末"把全球平均气温升幅控制在工业化前水平以上低于 2℃ 之内，并努力将气温升幅限制在工业化前水平以上 1.5℃ 之内"的目标，明确了全球应对气候变化的长期愿景和制度安排，明确了未来绿色低碳转型的大方向。中国在《巴黎协定》的达成、签署、生效和落实方面都做出了历史性的积极贡献。2020 年 9 月 22 日，国家主席习近平在第 75 届联合国大会上郑重宣布，中国将提高国家自主贡献力度，采取更加有力的政策和措施，二氧化碳排放力争于 2030 年前达到峰值，努力争取 2060 年前实现碳中和。这一庄严承诺极大提振了全球应对气候变化的信心。

然而，必须清醒地认识到，我国产业结构偏重，能源结构偏煤，科技创新能力不足，且从碳达峰到碳中和只有30年时间，短于发达国家平均周期。因此，实现"双碳"目标面临着巨大挑战，必须实施一场经济社会的系统性变革，必须处理好减排与发展、整体与局部、短期与中长期、政府与市场这四对关系。需要认识到，碳达峰、碳中和之间存在"此快彼快，此低彼易，此缓彼难"的辩证关系，必须用联系的、系统的观点整体看待，不能割裂开来，各行其是。而系统的、一盘棋的观点的建立，离不开深入的战略和路径规划研究。

能源系统是绿色低碳转型的重点和关键。按照清华大学气候变化与可持续发展研究院的研究，我国需要走一条以《巴黎协定》2℃和1.5℃目标为导向的长期深度脱碳转型路径。这意味着，我国能源系统要发生根本性的改变，由目前化石能源占比约85%，逐渐转变为2060年非化石能源占比达到80%以上。为此，我们不仅要大力发展非化石能源，更要把握好可再生能源发展与传统化石能源转型的配合及节奏，以高度的智慧和卓越的创新谱写一首和谐的"交响曲"。

与此同时，包括钢铁、水泥等高耗能行业在内的工业部门是能源系统服务的主要对象，不仅是能源消费并因此导致碳排放的主体，也是工业生产过程二氧化碳排放的主要来源。根据2014年的国家温室气体清单报告推算，中国工业部门的碳排放总量约为47亿吨，占全国二氧化碳排放总量的46%。显然，工业部门的达峰时间和峰值大小将对全国碳达峰的情景产生重大影响，其难减排的行业和生产工艺也将直接影响实现碳中和目标的布局，对这样一个关键部门的研究是十分必要和迫切的。

鉴于此，清华－力拓资源能源与可持续发展联合研究中心（简称清华－力拓中心）聚焦钢铁和有色金属等产业低碳转型中的关键问题，持续开展研究工作。本书是清华－力拓中心《中国资源能源与可持续发展》系列专著之一，值中心成立 10 周年之际特别出版。本书以钢铁、有色金属等行业的碳中和问题为主线，展示了关于政策行动措施、产能布局优化、低碳技术评估、核算方法改进等多方面问题、多学科交叉视角下的研究认识，将有助于读者综合理解全球气候变化背景下资源、能源与可持续发展中金属碳中和这一重要议题，从而为相关政策制定和行动实施提供参考。

清华大学气候变化与可持续发展研究院院长

李政

2023 年 7 月

气候变化是人类社会所面临的最大挑战之一。当前，国际社会已形成广泛共识，应携手应对气候变化，但在行动方面仍显不足。

力拓集团致力于成为气候变化解决方案的关键组成部分。2021年，集团将低碳转型作为战略核心，主要聚焦三大领域：

第一，生产低碳转型所需的关键材料，包括铜、低碳铝、电池矿物和高品质铁矿石；

第二，减少生产运营碳足迹，投资低碳技术，如风能、太阳能等可再生能源解决方案；

第三，合作减少全价值链碳足迹，增加研发投入，加快产品和技术开发，助力客户更快实现减碳。

我们公布了充满雄心的碳减排计划，即2025年前将范围1和范围2的碳排放减少15%，2030年前碳减排50%。2022—2030年，集团将投资约75亿美元助力实现这些目标。

中国承诺力争2030年前实现碳达峰、2060年前实现碳中和，为《巴黎协定》及全球气候行动注入全新动力。目前，钢铁行业约占全球温室气体排放总量的8%，占中国碳排放总量的15%左右。为实现中国冶金工业净零排放，需要大量资源投入。

实现气候目标所需的投资及创新体量庞大，我们仅凭自身无法实现，必须共同行动。力拓致力于与商界、行业和学界战略合作伙伴通力协作，加大投资，充分利用我们在全价值链中的思考洞察，实现技术突破。

自 2012 年成立以来，清华－力拓资源能源与可持续发展联合研究中心持续推动与海内外机构的联合研究，旨在为中国乃至世界资源和能源的可持续发展贡献智慧与解决方案。回首十载，力拓很自豪能够支持中心开展研究，探索应对气候变化，并提升钢铁价值链的环境绩效。

值此庆祝清华－力拓中心成立十周年之际，我衷心希望双方深化友谊互信，拓展交流合作，发挥各自优势，汇集解决方案，共同助力减少钢铁行业碳足迹。

本书是对清华－力拓中心成立十周年的献礼，汇编了清华学者在减碳领域的卓越研究成果。我衷心希望中心在国内外政策和行业层面，取得更具影响力的成果。我坚信，清华－力拓资源能源与可持续发展联合研究中心必将成为知识与创新的领军源头，助力中国实现气候目标，解决我们共同面临的全球性挑战。

力拓集团首席商务官兼中国区主席

白睿明（Alf Barrios）

2023 年 7 月

前　言

　　资源、能源的开发和利用是支撑人类社会发展的基础性产业，同时也是造成人为生态环境影响的主要原因。而面临日益严峻的全球气候变化形势，各国迫切需要联手推进一场围绕资源、能源的开发和利用的低碳转型变革，以实现全球经济、社会的可持续发展。

　　作为资源、能源开发和利用大国，中国已经庄严宣布"二氧化碳排放力争于2030年前达到峰值，努力争取2060年前实现碳中和"的发展目标，这将对资源能源的可持续发展产生有力的促进作用。例如，将促进可再生能源的大规模开发利用和电气化程度的全面提升，将促进金属生产的极致能效、循环再生及重大减排技术的开发应用。

　　鉴于资源、能源和可持续发展问题的复杂性，清华大学基于低碳能源实验室，整合了全校多个院系的研究资源，于2012年与力拓集团联合成立了清华-力拓资源能源与可持续发展联合研究中心，组织跨学科研究团队开展了针对资源、能源和可持续发展问题的研究。目前，清华-力拓中心已经圆满完成前两期的研究工作，并出版了中文专著《中国资源能源与可持续发展》和英文专著《China's Resources, Energy and Sustainable Development: 2020》。第三期合作期间，清华-力拓中心主要着眼于"金属"这一贯彻资源和能源系统的关键要素，启动了"金属碳中和"旗舰项目。今年是旗舰项目成功运行的第 3 年，恰逢清华－力拓中心成立 10 周年，特编制本书回顾中心发展历程，介绍中心的研究进展与研究成果，以飨读者。

本书分为三篇，第一篇是对清华－力拓中心十年发展历程的回顾，在重温中心的使命愿景的基础上，分别总结了三个合作期的合作方向及主要研究成果，并展望了未来发展方向。第二篇聚焦于清华－力拓中心第三期合作的"金属碳中和"旗舰项目，概述了中心旗舰项目的总体布局以及各专项研究的研究进展。第三篇汇总了"金属碳中和"旗舰项目下清华－力拓中心的主要成果，包括代表性学术论文，政策议题的学术观点以及热点问题的行业观点等。

本书由清华－力拓中心"金属碳中和"旗舰项目研究团队成员共同撰写，研究和撰写过程中得到了何建坤、李政、姚强、王灿、张希良、王赞基等中心学术委员会委员们的悉心指导，以及中心管理委员会委员们、诸多力拓集团同事、校内师生和业界人士的支持，在此一并致以衷心的感谢！

由于水平所限，书中不妥之处，欢迎广大读者反馈交流、批评指正。

本书撰写组

2023 年 7 月

目　录

第一篇

中心十年大事记

| 愿景 | 为全球及中国资源、能源的可持续发展贡献智慧和解决方案，努力成为中国乃至世界最有影响力的智库之一，为全人类的可持续发展做出贡献 |

| 使命 | 整合全校相关院系、组织跨学科研究团队开展资源、能源和可持续发展领域课题研究，积极推进与海内外机构的合作研究 |

　　清华－力拓中心成立于 2012 年，是清华大学与力拓集团合作建立的联合科研机构，经过第一期（2012—2017 年）和第二期（2017—2020 年）的深厚务实合作，目前中心已经成功进入第三期（2020—2025 年）运行阶段。

　　清华－力拓中心以整合全校相关院系、组织跨学科研究团队开展资源、能源和可持续发展领域课题研究为使命，积极推进与海内外机构的合作研究，旨在为全球及中国资源、能源的可持续发展贡献智慧和解决方案，努力成为中国乃至世界最有影响力的智库之一，为全人类的可持续发展做出贡献。

第一章
第一期合作（2012—2017 年）

一、签约仪式

2012 年 7 月 2 日举办了清华 – 力拓中心第一期合作的签约仪式（见图 1-1-1）。时任清华大学校长陈吉宁代表清华大学签约，中心主任为姚强教授，团队主要负责人有李政、张希良、杜鹏飞、于永达、王赞基五位教授。鉴于清华大学和力拓集团在资源能源与可持续发展方面共同的兴趣和追求，2012 年双方依托清华大学低碳能源实验室创立中心，整合全校五个院系（能源与动力工程系、电机工程与应用电子技术系、核能与新能源技术研究院、环境学院、公共管理学院）组织了一支跨学科研究团队，开展全球特别是中国的能源、矿产资源与可持续发展领域的关键课题研究。

图 1-1-1　清华 – 力拓中心一期签约仪式（2012 年 7 月 2 日）

二、主要成果

清华－力拓中心一期共开展了 12 个委托课题的研究，发表论文近 50 篇，出版了 1 本多学科交叉的学术专著《中国资源能源与可持续发展》(见图 1-1-2)。期间，在力拓集团的大力支持下，清华－力拓中心还与冶金工业规划研究院联合开展了 1 个合作课题，对国内钢铁行业和企业开展了大规模的调研和交流。一期共培养了博士后 3 名，博士生 23 名，硕士生 18 名；每年举办学术交流活动 10 次以上，并邀请力拓首席执行官来清华大学演讲，组织召开了 1 次专题国际会议；基于研究成果，向中共中央办公厅、国务院提交了两份政策建议。

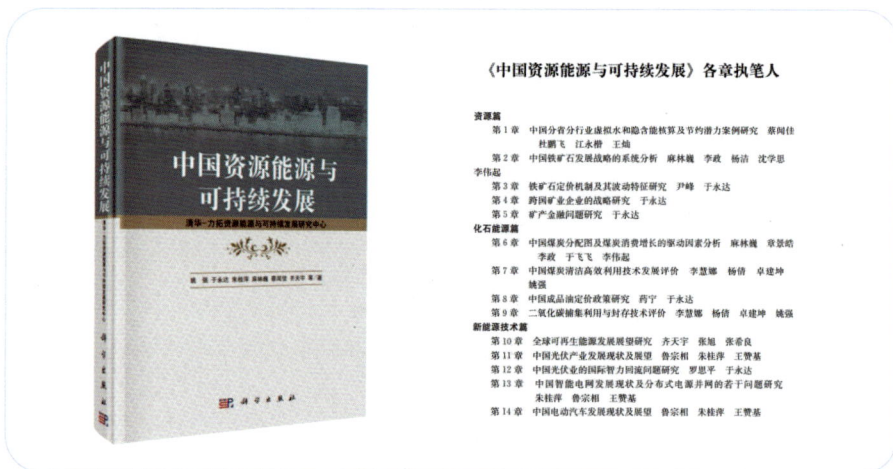

图 1-1-2　学术专著《中国资源能源与可持续发展》

（北京：科学出版社，2015）

第二章
第二期合作（2017—2020 年）

一、签约仪式

　　2017 年 11 月 24 日举办了清华－力拓中心第二期合作的签约仪式（见图 1-2-1）。二期管理委员会和学术委员会主任为何建坤教授，中心主任为李政教授，中心执行主任为麻林巍，课题负责人包括常世彦、吴金希、鲁宗相、朱桂萍、蔡闻佳、周剑等。

图 1-2-1 清华－力拓中心二期签约仪式（2017 年 11 月 24 日）

二、建立三方战略合作

2019 年 9 月 25 日，清华大学、中国宝武集团和力拓集团签署关于未来环境合作的谅解备忘录（见图 1-2-2）。在学科研究方面，强化了学科交叉和项目管理，每年举办十余次学术沙龙，来自 7 个学科 10 位教授及其团队参与其中。

图 1-2-2　三方备忘录签字仪式（2019 年 9 月 25 日）

三、调研交流

清华 - 力拓中心第二期合作继续强化双边交流与合作，与力拓互访交流十余次，邀请力拓时任首席执行官和时任企业关系总裁来清华大学做演讲。在频繁紧密互动的同时，双方合作交流尝试从学术研究扩展到向行业实践深入。

清华 - 力拓中心工作团队访问伦敦的力拓总部，如图 1-2-3 所示。

图 1-2-3　清华 – 力拓中心工作团队访问伦敦的力拓总部（2018 年 12 月 14 日）

清华 – 力拓中心工作团队 2019 年访问布里斯班的力拓先锋实验室，如图 1-2-4 所示。

图 1-2-4　清华 – 力拓中心工作团队 2019 年访问布里斯班的力拓先锋实验室

四、主要成果

在成果导向的年度项目申请和学术委员会评审机制下，清华－力拓中心研究成果显著，提交了五份政策建议，发表 20 多篇学术论文。2021 年 1 月，清华－力拓中心出版了英文专著《China's Resources, Energy and Sustainable Development: 2020》（见图 1-2-5），包含应对全球气候变化背景下的中国能源转型战略、低碳城镇化、城市碳达峰、电力系统转型、水资源管理、电动车电池材料和钢铁低碳技术 7 个章节。

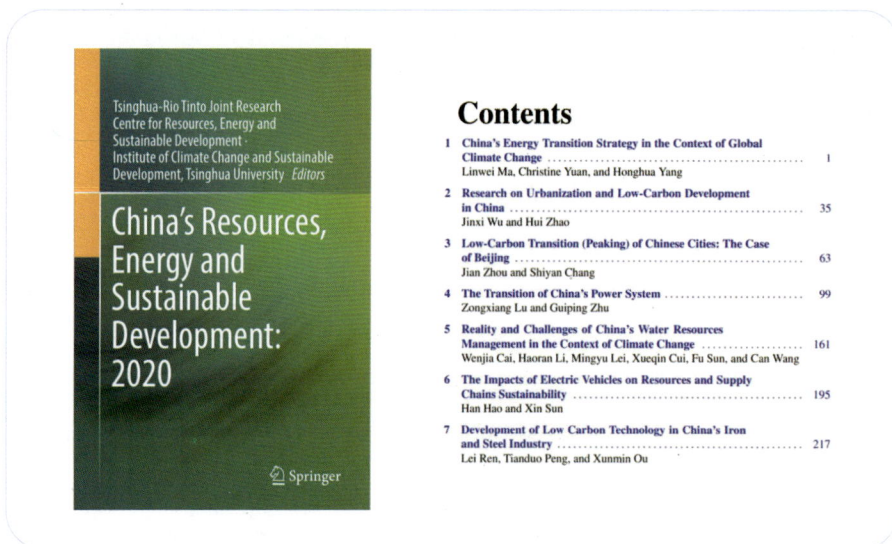

图 1-2-5　清华－力拓中心二期英文专著（新加坡：施普林格出版社，2021）

第三章
第三期合作（2020—2025 年）

一、签约仪式

2020 年 11 月 23 日，清华－力拓中心达成三期续约合作，延续并进一步强化了组织管理架构，形成了以管理委员会领导中心发展，以学术委员会和顾问委员会提供专业指导的管理模式，和以中心主任负责制为主体、以专职负责人和跨院系研究团队为有效支撑的工作模式。清华－力拓中心管理委员会和学术委员会主任为李政教授，中心主任为麻林巍副教授，副主任为袁凌女士，课题负责人包括常世彦、蔡闻佳、欧训民、周剑、吴金希、王哲、郝瀚、鲁宗相、朱桂萍等。

清华－力拓中心三期签约仪式，如图 1-3-1 所示。

图 1-3-1　清华－力拓中心三期签约仪式（2020 年 11 月 23 日）

二、深化三方战略合作

2020 年 12 月 17 日，清华大学、力拓集团及中国宝武集团在北京联合举办"中国钢铁低碳发展目标与路径"研讨会（见图 1-3-2）。这是三方继 2019 年达成应对气候变化战略合作、合力改善钢铁产业链碳减排和环境效益的重要成果之一。

图 1-3-2　首届中国钢铁低碳发展目标与路径研讨会（2020 年 12 月 17 日）

2021 年 12 月 15 日，三方再次联合举办"第二届中国钢铁低碳发展目标与路径研讨会"（见图 1-3-3）。研讨会旨在在去年成功举办首届会议的基础上，进一步汇聚各界智慧，分享新思路、新方案，共同探讨中国钢铁绿色低碳转型之路，以实际行动助力我国实现碳达峰目标与碳中和愿景。

2022 年 12 月 14 日，第三届中国钢铁低碳发展目标与路径研讨会在北京成功举办。来自政府、行业协会、产业及学术界的海内外专家和媒体人士等 150 余人线上参与会议，与会嘉宾就中国钢铁低碳发展的战略、政策、路径及实践等话题进行了深入探讨，如图 1-3-4 所示。

图 1-3-3　第二届中国钢铁低碳发展目标与路径研讨会（2021 年 12 月 15 日）

图 1-3-4　第三届中国钢铁低碳发展目标与路径研讨会（2022 年 12 月 14 日）

三、调研交流

力拓集团首席执行官石道成、首席商务官兼中国区主席白睿明多次参加清华－力拓中心管理委员会、顾问委员会会议，为中心发展出谋划策。双方高层多次进行互访和会谈。双方研究团队多次组织专题研讨会，就碳达峰、碳中和关键问题进行专项讨论。清华－力拓中心三期也进一步加强了与行业、企业之间的交流，与中国钢铁工业协会、中国电子信息产业发展研究院（赛迪研究院）、中国宝武集团、冶金工业规划研究院等建立了良好的沟通机制（见图 1-3-5 ~ 图 1-3-8）。

图 1-3-5　李政教授和石道成先生在 UNFCCC 第 26 次缔约方大会友好会谈

图 1-3-6　石道成先生访问清华大学并做客清华论坛（2023 年 3 月 23 日）

图 1-3-7　清华－力拓中心研究团队赴冶金工业规划研究院交流（2022 年 10 月 10 日）

图 1-3-8　清华－力拓中心 2023 年度管理委员会会议（2023 年 2 月 23 日）

四、未来展望

到 2025 年，清华－力拓中心将通过科学研判、系统研究以金属行业为核心的低碳发展战略，争取为国家产业政策和碳中和路线图制定发挥积极影响。到 2030 年，清华－力拓中心在资源、能源与可持续发展领域产生重大影响，形成品牌性的研究项目和交流活动，成为该领域最有影响力的智库之一。未来，清华－力拓中心将努力追求成为"金属碳中和"领域跨国校企合作的典范，在全人类可持续发展、应对气候变化、构建人类命运共同体、实现中国"双碳"目标等领域做出贡献。

第二篇

"金属碳中和"旗舰项目研究进展

为促进校内学科交流，形成科研合力，清华－力拓中心邀请来自清华大学能源与动力工程系、汽车工程系、地球系统科学系、社会科学学院、核能与新能源技术研究院、清华大学能源环境经济研究所等相关机构的教授牵头从国际、区域、企业等层面，核算方法、监测技术、低碳技术等维度围绕钢铁产业链开展研究。在研究成果基础上，形成了 8 个概要型专题研究报告。

第一章
中国钢铁低碳发展战略问题的系统分析

一、研究背景

　　钢铁是当今社会最重要的基础原材料之一，广泛应用于国民经济的各个方面，例如房屋建筑、基础设施和机械制造等。作为全球最大的钢铁生产国和消费国，中国粗钢产量已连续 26 年稳居世界第一，2021 年粗钢产量达 10.4 亿吨，占全球总产量的 52.9%。

　　中国钢铁行业以长流程高炉炼钢为主的工艺现状，决定了其对铁矿石等资源和煤炭等能源高度依赖的特性。目前，中国钢铁行业是碳排放量最大的制造业部门。短期之内，钢铁行业是典型的资源、能源密集型工业，碳排放量高、减排难度大的基本属性不会改变。由此，钢铁行业脱碳进展将直接影响全国碳达峰进程，而深度脱碳面临的技术挑战也将使钢铁行业成为实现碳中和目标的瓶颈和关键问题之一。为如期实现碳达峰、碳中和目标，加快推进钢铁行业低碳转型势在必行、迫在眉睫。而钢铁行业的发展事关经济发展、社会治理、资源能源开发利用等各个方面，需要深入识别和研究低碳转型中的关键问题，系统分析重点影响因素的相关性，以便科学谋划低碳发展路径。

二、研究方法

　　为深入分析钢铁低碳转型进程，本章参考麻林巍等人提出的用于分析能源转型的 ESGO（能源系统—可持续性—社会治理—社会运行）框架❶，进一步强调和分析了金属系统（M）在该框架中的位置和作用，提出了 M-ESGO 分析框架（见图 2-1-1）。该框架认为分析钢铁低碳转型的关键在于厘清以下问题：

（1）认识可持续性的约束，以及能源系统的变化如何影响碳排放（S-E 过程）；

（2）识别影响能源消耗和碳排放的关键金属部门，并认识其物理系统特征（E-M 过程）；

（3）了解经济 / 市场对金属生产消费的驱动力（M-O 过程）；

（4）了解可供市场和决策者选择的减排技术和措施，提出政策建议（O-G 过程）；

（5）评估相关政策如何实现可持续性（G-S 过程）。

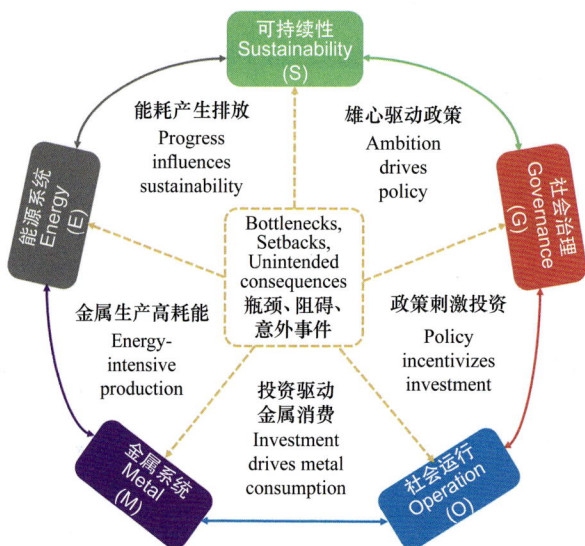

图 2-1-1　M-ESGO 理论框架

在 M-ESGO 理论框架指导下，本章具体研究内容和方法如下：

（1）首先基于能源分配分析方法和碳排放分配分析方法，从能源来源到最终服务追溯中国能源相关碳排放流动分配的全过程，进而识别出金属尤其是钢铁是

---

❶ Zhang C, Yang H, Zhao Y, et al. Realizing Ambitions: A framework for iteratively assessing and communicating national decarbonization progress [J]. iScience, 2022, 25:103695.

导致能耗和碳排放的关键部门。

（2）为进一步了解钢铁系统的物理特征，利用物质流分析方法追溯中国钢铁从铁矿石到终端产品的流动情况。为识别钢铁生产消费的驱动力，利用扩展投入产出方法计算各经济部门生产活动嵌含钢情况，并进一步分析国家经济发展模式对钢铁消费的影响。

（3）在认识钢铁系统物理系统特征及其生产消费驱动力后，为了解可供钢铁行业选择的低碳技术及政策措施，按照技术路线图方法框架，结合文献综述，从供给、需求和政策三个维度对国内和国际钢铁行业低碳发展重点行动进行梳理。

（4）基于上述几个层面的分析，最终为中国钢铁行业低碳发展提供可行的政策建议。

三、主要发现和政策建议

（一）2020年中国能源及相关碳排放流动的追溯

基于能源分配分析方法，本章首先绘制了基于㶲计量的2020年中国能源分配桑基图，如图2-1-2所示。图中展示的是能源系统每个环节的一次能源消费责任，而不体现任何能源损失，所以称为能源分配图。能源从左至右的分配经历能源来源、中间转化、终端设备、被动系统和最终服务5个阶段。每条流的颜色代表能源的类型，如图2-1-2右侧图例所示。每条流的宽度代表能源消费责任的大小，能源单位为EJ（艾焦，10^{18}J）。具体绘制方法和每个阶段的详细说明可参考杨宏华等人2015年中国能源分配桑基图的工作[1]，本章只进行了数据更新，数据主要源于《2021年中国能源统计年鉴》和王庆一的《2021中国能源数据》。

基于图2-1-2，通过引入二氧化碳排放因子，进一步绘制了2020年中国能源相关碳流分配桑基图，如图2-1-3所示。碳流分配桑基图的框架与能源分配桑基图基本一致。不同的颜色表示来自不同能源类型引起的碳排放责任，如图2-1-3右侧的图例所示。计量单位为千万吨，绘制方法同上。

---

[1] Yang H, Ma L, Li Z. A Method for Analyzing Energy-Related Carbon Emissions and the Structural Changes: A Case Study of China from 2005 to 2015 [J]. Energies, 2020, 13(8):2076.

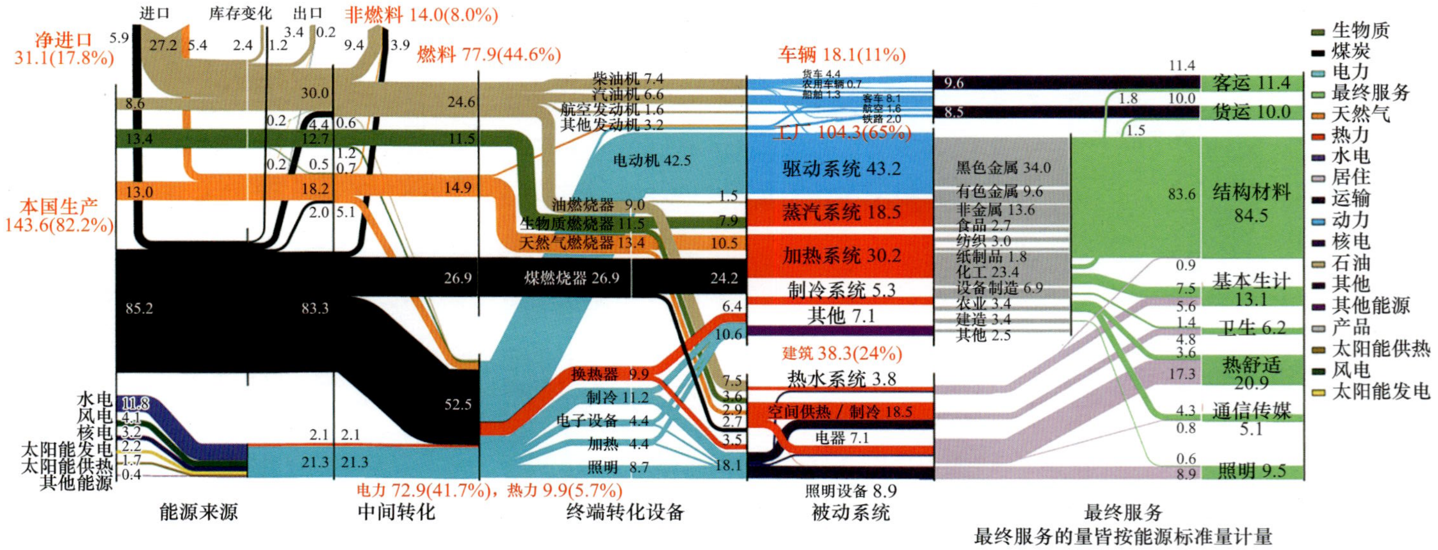

图 2-1-2　2020 年中国烟流能源分配桑基图（单位：EJ）

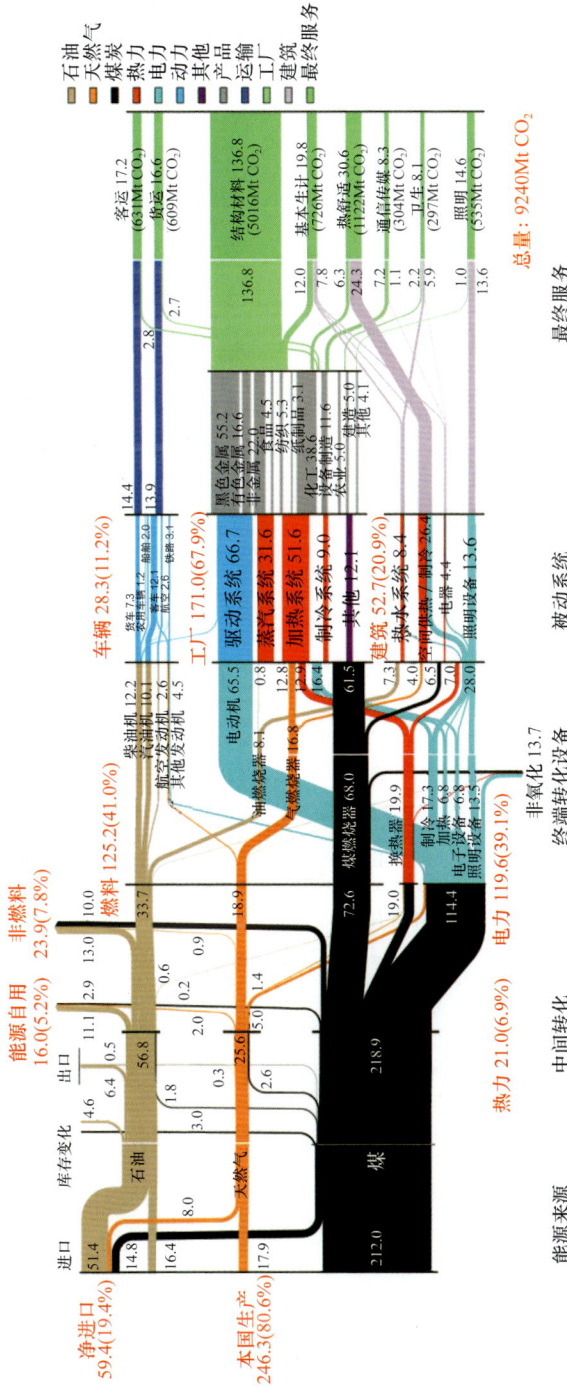

图 2-1-3 2020 年中国能源相关碳流分配桑基图（单位：千万吨碳）

根据图 2-1-2 和图 2-1-3，2020 年中国能源系统的能源分配和能源相关碳排放的总体情况如下：

（1）煤炭在中国能源供应和消费中仍占主体地位，占一次能源供应的 52.1%，对能源相关碳排放的贡献高达 74.2%。

（2）在中间转换阶段，一次能源主要用作燃料和发电，分别占比 44.6% 和 41.7%，对能源相关碳排放的贡献分别为 41.0% 和 39.1%。

（3）在被动系统中，生产被动系统占据最大的能源消费和碳排放责任，其占能源消费比重为 65%，贡献了 67.9% 的碳排放（62.7 亿吨 CO_2）。其中，钢铁和化工行业承担了主要的碳排放责任，分别占 2020 年生产被动系统排放量的 32.6% 和 22.4%，而金属行业（钢铁和有色金属）总计占 41.8%；其次为建筑被动系统，占能源消费和碳排放的比重分别为 24% 和 20.9%；在交通被动系统中，碳排放最大的贡献者为汽车（占交通碳排放量的 42.8%）。

（4）至于最终服务，结构材料是最主要的需求，占 2020 年最终服务能源消费责任的 52.6%，贡献了 54.3% 的碳排放责任（50.2 亿吨）。热舒适、基本生计、客运、货运、照明、卫生和通信传媒分别占最终服务能源消费责任的 13.0%、8.2%、7.1%、6.2%、5.9%、3.8% 和 3.2%。

由此可见，2020 年中国对结构材料有强劲的需求，这带动了金属部门巨大的能源消费和碳排放，其中钢铁行业是关键部门。仅钢铁一个部门就贡献了全部碳排放责任的 22.1%，这包含了钢铁部门耗能所引起的直接和间接的全部碳排放。因此，钢铁行业的低碳发展是中国碳中和目标实现的重大问题。

（二）中国钢铁生产、钢铁消费与经济发展的关系的揭示

本章通过建立中国钢铁行业从生产侧到消费侧的钢铁流动全景，来系统揭示中国钢铁生产、消费与经济发展之间的关系。如图 2-1-4 所示，本章绘制了 2018 年中国钢铁行业的铁流动桑基图，包含左半部分的钢铁材料生产侧的铁元素流向，以及右半部分的钢铁材料消费侧的铁元素足迹（嵌含铁）。该图从左到右依次描绘了从铁矿石冶炼、粗钢生产、钢材加工，到下游经济部门钢材流动，再到最终需求（固定资本形成、消费、净出口）驱动的钢铁流动全过程。桑基图中不同颜

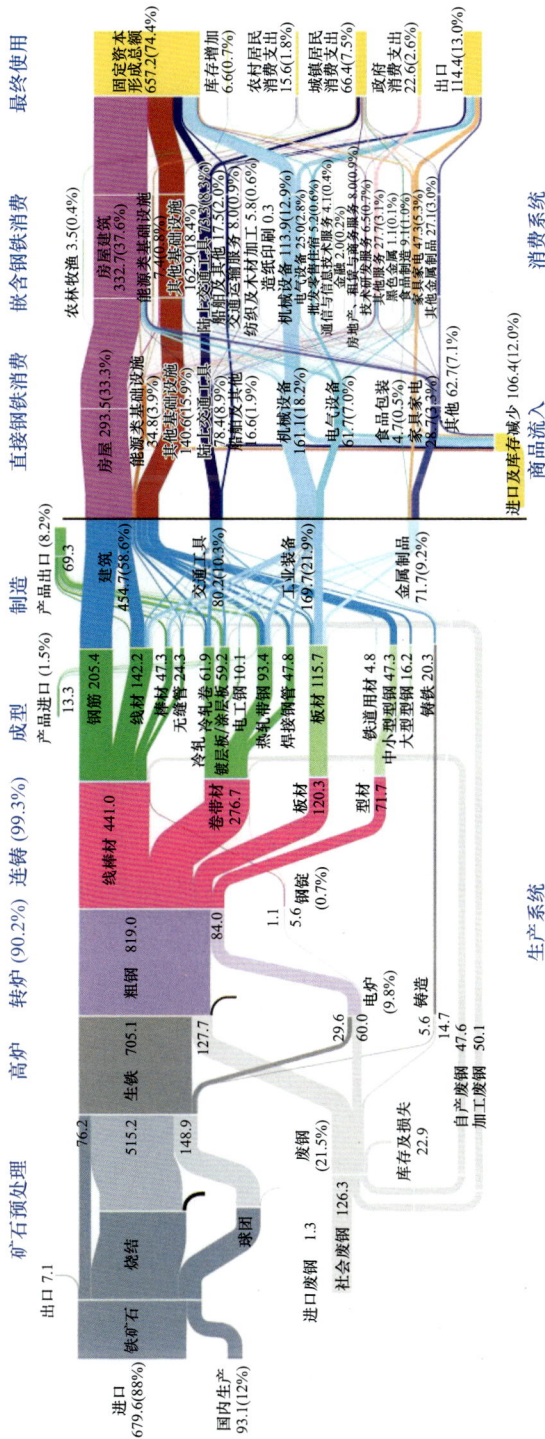

图 2-1-4　2018 年中国钢铁行业从生产侧到消费侧的钢铁流动桑基图（单位：百万吨铁）

色的流代表不同的钢铁材料品种，流的宽度代表钢铁材料的数量大小，白色竖线则分隔开了钢铁的不同的生产和消费过程。

从钢铁的消费侧到生产侧，从右往左对 2018 年中国钢铁行业的流动桑基图进行分析，可以得到以下关键认识：

（1）中国钢铁的使用主要由投资主导，带动了 2018 年中国钢铁产量的 75.1%，其中 50.4% 来自建筑的固定资本形成，24.3% 来自基础设施的固定资本形成。

（2）我国钢材直接进出口量虽不大，但有相当一部分钢材嵌含进了（含钢的）终端产品的出口中，占钢材消费总量的 13%，为第二大驱动力。

（3）建筑业（包括建筑和基础设施）是钢铁直接消费的重点，中国国内钢铁产量的 58.6% 用于建筑业。

（4）建筑消耗大量长材，降低了我国钢铁加工的整体损耗率（5.7%），但这并不意味着制造效率先进，部分钢材的损耗率仍然较高（如覆盖涂层产品的钢材利用效率仅为 19.3%），未来应当关注改善建筑行业的材料利用效率。

（5）虽然服务业没有直接的钢材消费，但仍以嵌含钢铁的形式拉动了我国钢材消费总量 6.8% 的份额。

（6）受历史发展路径和废钢资源的限制，高炉 – 转炉（BF-BOF) 路线在中国钢铁生产中占主导地位（占比 90% 以上），这一长流程钢铁生产路线的吨钢排放（约 1.7t CO_2 /t 粗钢[1]）要明显高于"废钢 – 电炉"主导的短流程生产路线（约 0.6t CO_2 /t 粗钢[2]）。

（三）全球钢铁行业低碳发展技术路线图综述

在过去百余年内，钢铁消费的增加支撑着全球各国经济的发展。如今，在碳中和承诺下，钢铁部门作为典型的"排放大、减排难"部门，它的低碳发展在全球范围内都备受关注。本章希望通过对全球几大主要产钢国的钢铁低碳发展技术路线图进行梳理（见表 2-1-1），来为中国钢铁行业的低碳发展提供参考。

---

[1][2] Lin Y, Yang H, Ma L, et al. Low-Carbon Development for the Iron and Steel Industry in China and the World: Status Quo, Future Vision, and Key Actions [J]. Sustainability, 2021, 13(22).

表 2-1-1　世界主要产钢国的钢铁低碳发展技术路线图综述 ❶

国家	现状	目标	重点行动
日本	第三大产钢国；占本国碳排放的15%	努力在2050年前碳中和	（1）推进 COURSE 50 高炉加氢项目、铁焦加 CCUS 技术等在高炉中的应用； （2）发展超级创新技术，例如氢能炼钢技术； （3）回收中低温余热； （4）使用生物质； （5）提高资源效率，促进更大程度的材料循环
韩国	第六大产钢国；占本国碳排放的20%	遵照 NDC 目标——2050年前碳中和	（1）应用创新的未来技术，例如氢能和 CCUS； （2）提高能效； （3）增加低碳燃料的使用； （4）减少工业过程的含氟气体排放（F-gas）； （5）发展循环经济
德国	第七大产钢国；占本国碳排放的10%	2050年前努力实现气候中性	（1）使用氢替代焦炭来还原铁矿石； （2）在工业价值链中推进碳的充分利用； （3）使用 CCUS 技术捕捉无法避免的排放； （4）提高废钢/电炉路线的钢产量

上表综述了日本、韩国和德国这几大主要产钢国的钢铁低碳发展技术路线图。可以看到，目前钢铁行业适用的低碳发展措施主要可以归为以下4个方面：

（1）充分发掘能效提升的潜力。能效的提升是钢铁行业短期内能最快获得收益的措施，包括技术改善、流程优化、余热余能回收、智能化流程管理等具体途径。

（2）加快向更低排放的电炉炼钢路线转换。以"废钢－电炉"为主的短流程炼钢路线的吨钢排放要更低，能显著降低钢铁生产过程中的二氧化碳排放；未来若能完全使用"零碳电力"，则更有望实现钢铁生产过程的深度脱碳。

（3）大力发展循环经济，推进钢铁的有效利用。未来随着经济的发展，对于钢铁的需求势必会继续增加，大力发展循环经济可在满足钢铁需求的同时减少钢铁生产，进而降低二氧化碳排放。主要措施包括提高钢铁的回收利用、延长钢铁产品的使用寿命、更高强度地使用钢铁产品、轻量化设计等。

（4）充分布局颠覆性的创新炼钢技术，如氢能炼钢、CCUS 技术等。这些创新炼钢技术有望实现钢铁行业真正意义上的深度脱碳，甚至是零碳发展。但这些

❶　Lin Y, Yang H, Ma L, et al. Low-Carbon Development for the Iron and Steel Industry in China and the World: Status Quo, Future Vision, and Key Actions [J]. Sustainability, 2021, 13(22).

技术目前仍然处于技术发展的早期阶段，需要不断地研发投入和支持来推动它们的长足发展。

（四）中国钢铁行业低碳发展的政策建议

针对当前钢铁行业的主要特点和存在的问题，本章认为中国钢铁行业的低碳发展可从以下两方面着手：

（1）主动引导和控制钢铁需求。钢铁需求是根本性问题，需求巨大主要是因为大规模的固定资产投资，包括房屋、基础设施和产能建设。此前国内外研究曾数次低估了中国的钢铁需求，根源就在于不够关注固定资产投资对钢铁需求的带动规律。因此，控制钢铁需求的关键在于引导和控制固定资产投资的节奏和速度。这也是高质量发展的关键。避免投资浪费、遏制过度建设和重复建设，必须要主动引导和控制，而不是被动应对。

（2）尽快出台清晰明确的钢铁低碳发展技术路线图。近期来看，钢铁生产低碳发展最现实的手段是极致能效，成本可接受、负面效益少。但是极致能效不宜以重复建设（例如产能置换）来实现，否则可能入不敷出。中期来看，最大的红利在于废钢回收，实现短流程炼钢。但是这需要对社会废钢，尤其是嵌含在长寿命周期的房屋等产品中的废钢进行准确的统计和估计、预测和引导回收。这也需要主动作为，甚至需要调用全世界废钢资源。远期来看，剩余长流程需要通过重大低碳技术来实现，例如氢能炼钢、CCS 和生物质替代等。但目前这些技术还不够成熟，需要持续投入大量的资金和人力进行科技攻关。

总体来看，钢铁低碳发展需要多管齐下，包括统筹与固定资产投资紧密相关的需求侧措施，与技术发展紧密相关的供应侧措施，以及连接供需的废钢回收和需求减量。只有从供需协调的角度入手，才能做好中国钢铁的低碳发展工作。因此，目前政策必须切实加强需求侧的协调以及连接供需的大循环经济发展。否则，仅注重生产侧政策，难以根本性、系统性解决问题，难以同时实现经济发展和低碳发展目标。为了促进以上措施的实现，本章提出了以下几点政策建议：

（1）切实加强对固定资产投资建设的监控和管理，并确保所用钢铁能够得到有效利用和回收。可以考虑在固定资产投资中引入耗钢量或与此相关的碳指标进行统计监测，例如将耗钢量和蓄钢量引入经济政策指标、尽早引入钢铁产品碳标签等，以避免重复建设和过度建设。

（2）尽快打造独立完整的废钢循环回收体系。把全球和中国的废钢资源循环利用作为战略性新兴产业、低碳重大产业来抓，而不是作为传统行业对待，尽快给予必要的支撑措施，事关重大。

（3）支持和鼓励钢铁行业广泛开展极致能效和重大低碳技术的研发和应用，结合行业整合，促进高能耗标准、高研发水平在全行业普及，解决低碳发展中先进与落后并存的问题，协调好接近成熟技术与研发中技术的科技政策支持。

四、研究展望

在下一阶段研究中，拟进一步完成对中国钢铁行业碳排放的影响因素分析。同时建立预测模型，对钢铁生产、消费及碳排放进行动态分析，评估不同减排措施在未来的影响。除此之外，综合专题将进一步融合其他专题成果，提炼政策建议。同时，增加与业界交流，促进相关政策措施出台落地，加速学术成果转化。

五、专题组成员

综合专题组主要成员名单见表 2-1-2。

表 2-1-2　综合专题组主要成员名单

序　号	姓　名	技术职称 / 职务	工作单位
1	麻林巍	长聘副教授 / 中心主任	清华大学能源与动力工程系 / 清华 – 力拓中心
2	杨姗姗	高级工程师 / 研究主管	清华 – 力拓中心
3	杨宏华	博士生	清华大学能源与动力工程系
4	林园铖	博士生	清华大学能源与动力工程系
5	何瑞鹏	博士生	清华大学能源与动力工程系
6	袁　园	博士生	清华大学能源与动力工程系

第二章

区域视角下钢铁行业实现碳中和的战略与路径研究

一、研究背景

全国层面碳中和目标的实现，极大依赖于行业与地区碳中和路径的选择。钢铁工业是国民经济的重要基础产业，在全国和重点区域既是重要的支柱产业，也是碳排放大户。全国碳中和目标的明确对钢铁行业未来发展与空间布局具有重要影响。同时，钢铁行业空间布局特征也会影响不同区域碳中和的路径选择，从而对全国碳中和目标的实现产生影响。因此，从区域视角研究钢铁行业实现碳中和的战略与路径，具有重要意义。

从钢铁行业发展历史来看，随着行业投入产出结构的变化，空间布局产生了较大变化，依次经历过近煤、近铁、临海（近市场）等不同阶段。具体而言，18 世纪后半期和 19 世纪初，由于单位产品的煤炭消费量很大，钢铁厂的位置多选择在煤炭产地。19 世纪后半期和 20 世纪初，随着冶炼生铁所消耗的焦炭比例减少和贫铁矿开采量增加，钢铁工业明显出现向铁矿基地分布的趋向。20 世纪 50—60 年代以来，大型（海洋）运输船的出现使大宗商品运输成本显著降低，钢铁工业向沿海或向主要消费地布局逐渐成为主流趋势。实现碳中和目标，影响我国钢铁行业分区域空间布局的因素有哪些，钢铁行业空间布局将呈现怎样的特征？在此基础上，如何更好加以布局、优化区域资源配置，从而更好实现全国碳中和目标，这是本研究将探索回答的主要问题。

二、研究方法

本章研究调研了钢铁产业区域布局相关政策,识别了影响钢铁行业空间布局的主要因素,对未来钢铁产业区域布局整体趋势进行了研判。基于此,拟分析钢铁行业能源消费和碳排放路径的时空演变规律,提出行业转型综合战略和路径,为钢铁行业实现碳中和路径选择以及区域资源优化配置提供科学支持(见图 2-2-1)。

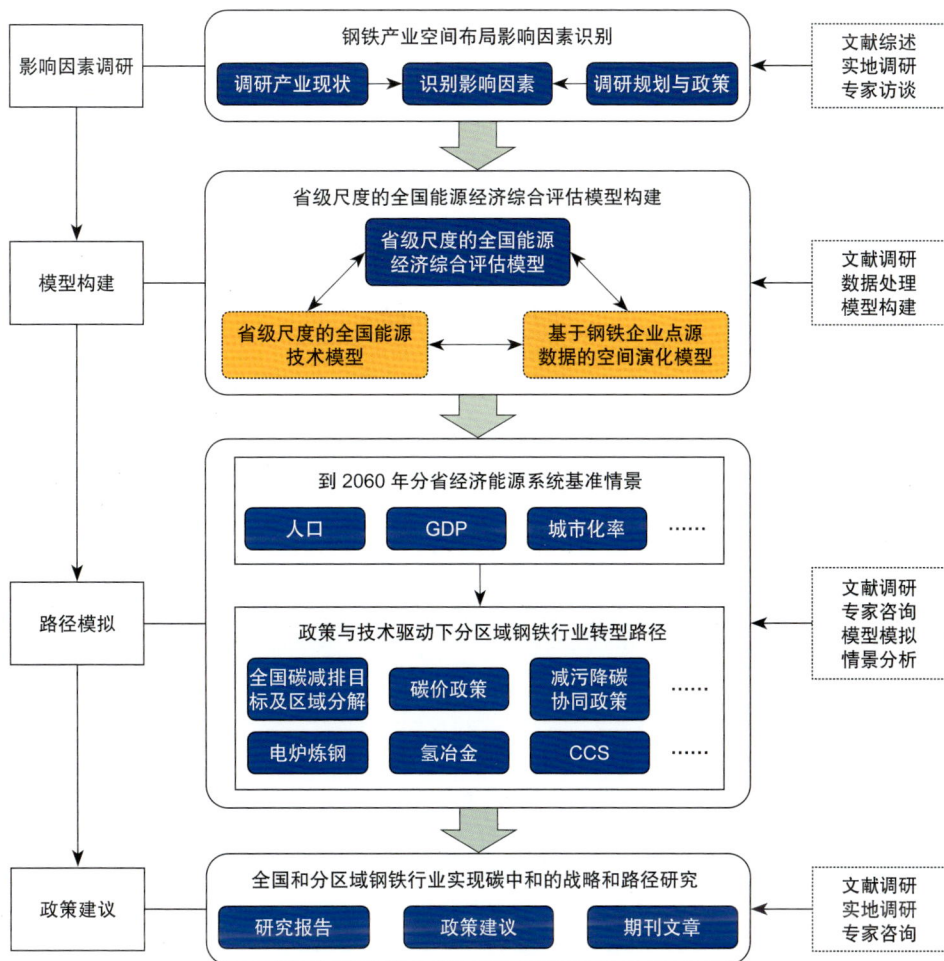

图 2-2-1　研究路线图

三、主要发现和政策建议

（一）钢铁产业区域布局相关政策

为适应经济社会高质量发展要求，工业和信息化部、国家发展和改革委员会、生态环境部等部门出台多项政策，引导钢铁产业结构调整与合理转移（见表 2-2-1）。这些政策包括产能置换、能耗和污染物排放限值等约束性政策，也包括引导产业转移与产业结构调整的激励类政策。总体来看，当前政策导向是严格控制钢铁产能，实施区域差异化发展策略，鼓励结合地方环境承载力、资源能源禀赋、产业基础、市场空间、物流运输等条件，有序推进产业梯度转移。

表 2-2-1 钢铁产业布局优化相关政策

领域	年份	部门	政策名称	主要内容
产能置换相关	2021	工业和信息化部	《钢铁行业产能置换实施办法》	明确哪些钢铁项目建设必须实施产能置换，明确可以用于产能置换的类别，明确产能核定方法，新建氢冶金和 Corex、Finex、Hlsmelt 等非高炉炼铁项目需产能指标
产业结构调整相关	2019	国家发展和改革委员会	《产业结构调整指导目录（2019 年本）》	涉及钢铁鼓励类 13 项、钢铁限制类 21 项、钢铁淘汰类 36 项
产业转移相关	2018	工业和信息化部	《产业发展与转移指导目录（2018 年本）》	提出东北地区、东部地区、中部地区和西部地区的钢铁工业引导方向
	2021	工业和信息化部、科学技术部和自然资源部	《"十四五"原材料工业发展规划》	一是引导原材料工业合理布局，优化新建产能布局；二是推进规范化集群化发展
	2022	工业和信息化部、国家发展和改革委员会、生态环境部	《关于促进钢铁工业高质量发展的指导意见》	鼓励重点区域提高淘汰标准；鼓励有环境容量、能耗指标、市场需求、资源能源保障和钢铁产能相对不足的地区承接转移产能
环境约束相关	2019	生态环境部、国家发展和改革委员会、工业和信息化部等五部门	《关于推进实施钢铁行业超低排放的意见》	全国新建（含搬迁）钢铁项目原则上要达到超低排放水平；现有钢企方面，到 2025 年年底前，重点区域钢铁企业超低排放改造基本完成，全国力争 80% 以上产能完成改造

续表 2-2-1

领域	年份	部门	政策名称	主要内容
环境约束相关	2019	生态环境部	《关于做好钢铁企业超低排放评估监测工作的通知》	对于超低的认证、验收提出了新的要求
	2019	生态环境部	《关于加强重污染天气应对夯实应急减排措施的指导意见》	开展重点行业绩效分级,并逐年对其进行修改完善;实行差别化停限产
	2018	国务院	《打赢蓝天保卫战三年行动计划》	重点区域从京津冀"2+26"城市扩大到长三角和汾渭平原地区
	2021	国家发展和改革委员会	《完善能源消费强度和总量双控制度方案》	进一步强化了能耗双控制度的导向性
	2021	国家发展和改革委员会	《关于严格能效约束推动重点领域节能降碳的若干意见》	到 2025 年,通过实施节能降碳行动,钢铁行业达到标杆水平的产能比例超过 30%;到 2030 年,能效基准水平和标杆水平进一步提高
	2022	国家发展和改革委员会	《高耗能行业重点领域节能降碳改造升级实施指南（2022 年版）》	提出了节能降碳改造升级的具体目标和方向

（二）影响钢铁行业空间布局的主要因素

钢铁行业空间布局与钢铁碳中和路径选择密切相关。综合来看,影响钢铁行业未来空间布局的主要因素将包括产业基础、废钢资源、绿色电力和绿色氢能资源、可匹配的碳封存潜力资源、市场需求与环境容量限制等。

1. 产业基础

我国已形成以京津冀、长三角和东北地区为主要钢铁企业聚集地的钢铁产业布局。河北、江苏、山东三省是我国钢铁生产排名前三大省,三省 2020 年粗钢产量合计 4.5 亿吨,占全国总产量的 42%（见图 2-2-4a）。从产业链成熟度来看,这些省均具有较好的产业基础,未来仍将是我国钢铁产业布局的主要区域。

从行业技术水平来看,由于基数较大,河北、江苏和山东三省现役高炉炼铁装备中,领先水平装备（炉容 ≥ 2000m³）的规模体量较大,但占比低于全国平均水平，而一般水平装备（1000m³ > 炉容 > 400m³）占比高于全国平均水平（见图 2-2-2）。河北和江苏两省 200t 及以上转炉生产能力规模体量较大，但占比低于全国平均水平（见图 2-2-3）。可以预期，在更为严格的能耗和碳排放约束政策下，这些省钢铁产能退役的规模将可能较大。

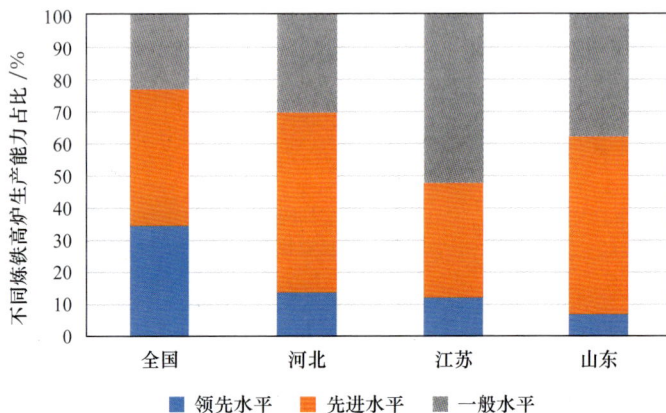

图 2-2-2　规范企业炼铁高炉生产能力

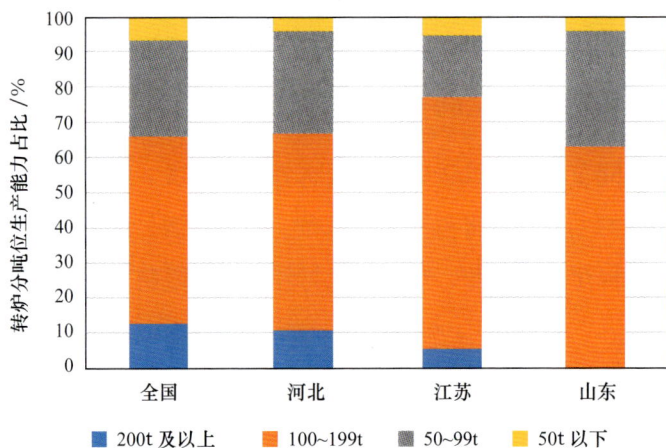

图 2-2-3　规范企业转炉分吨位生产能力

2. 废钢资源

目前我国钢铁行业以高炉－转炉长流程为主，占比约 90%。实现碳中和目标，我国钢铁行业需要进行流程优化创新。相较于"长流程"炼钢,"短流程"电炉炼钢的吨钢能源消费量与碳排放量大幅减少。美国电炉钢占比达 70%,日本电炉钢占比达 25%,而我国的电炉钢占比仅为 10% 左右。电炉炼钢发展主要面临废钢成本较高以及电炉生产效率较低等挑战。中长期我国电炉钢发展将经历三个阶段:一是探底回升的起步阶段,到 2025 年,我国电炉钢比例将发展到 15% ~ 20%;二是快速增长阶段,到 2035 年,我国电炉钢比例将由 20% 提升到 30% 左右;三是增幅放缓趋于平衡的阶段,电炉钢不断适应届时的市场、资源、环境、技术、电力等条件,到 2050 年,电炉钢占比将有可能提升至 40% 以上。

电炉炼钢的主要原料是废钢资源,废钢资源布局将在很大程度上影响我国电炉钢生产布局。废钢资源包括自产废钢、加工废钢、折旧废钢和净进口废钢等。自产废钢主要集中在钢铁主产地区,加工废钢主要集中在机械制造业发达地区,折旧废钢主要集中在经济发达地区,如果考虑再生钢铁原料进口,则沿海地区具有一定优势。目前,全国 80% 以上的废钢资源分布在东北(辽宁)、华北(北京、天津、河北、山西)、华东(上海、江苏、山东、浙江)、华中(河南、湖北)、四川、广东等工矿企业比较集中、人口比较稠密的省市(见图 2-2-4b)。

3. 绿色电力和绿氢资源

当前能源成本占钢铁生产总成本的 20% ~ 40%(world steel association,2021)❶,且以焦炭成本为主。随着未来电炉炼钢与氢冶金技术的推广,能源成本将主要体现为电力或氢能消费成本。中长期绿色电力和绿氢资源的分布将对电炉炼钢与氢冶金的分布产生较大影响。目前我国电炉炼钢产能主要分布在江苏、广东、山东、湖北、云南、福建、四川等省,新增电炉炼钢产能将可能更多地分布在大型可再生能源发电基地所在地区。根据 Wang 等(2022)❷研究和国家能源局(2020)❸数据,我国陆上风电资源主要分布在内蒙古、黑龙江和新疆等地;海上风电资源主要分布在广东、浙江和山东等地;集中式光伏资源主要分布在新

---

❶ World Steel Association. Energy use in the steel industry. 2021. https://worldsteel.org/wp-content/uploads/Fact-sheet-energy-use-in-the-steel-industry.pdf.

❷ Wang Y, Chao Q, et al. Assessment of wind and photovoltaic power potential in China [J]. Carbon Neutrality, 2022, 1 (1).

❸ 国家能源局新能源和可再生能源司,国家发展和改革委员会能源研究所.可再生能源数据手册 2020.

疆、内蒙古和青海等地；水电资源主要分布在四川和云南等地（见图 2-2-4c 和图 2-2-4d）。

氢冶金是钢铁行业实现碳中和的重要革命性技术。预计 2030 年后，我国氢冶金技术将开始规模化推广应用，2050 年氢基钢占比将可能达到 16%（张真和杜宪军，2021）❶，2060 年这一占比将可能达到 25% ~ 50%（IEA，2020 ❷；清华大学气候变化与可持续发展研究院，2022 ❸）。我国目前氢能产业主要集中在长三角、粤港澳大湾区、京津冀等区域，生产方式以化石燃料（特别是煤炭）制氢为主，钢铁行业当前所使用的氢能主要来自焦炉产氢。未来随着碳减排目标约束的进一步加强，绿氢将是氢冶金必不可少的能源资源，我国氢冶金技术的规模化推广将可能伴随着可再生能源制氢的规模化应用同步开展。根据 Huang 和 Liu（2020）❹的研究，内蒙古、新疆、山东、河北、甘肃等省区将是可再生能源制氢最具潜力的几个地区；同时，考虑海上风电的技术进步，到 2030 年，一些东部沿海地区，如广东、江苏、上海和山东的可再生能源制氢潜力将有可能大幅增加。

4. 可匹配的碳封存潜力

到 2060 年，绝大多数剩余的长流程钢铁冶炼装备均需配备碳捕集与封存装置以满足碳中和要求，长流程炼钢产能将更多聚集在具有碳封存潜力的区域。根据魏宁等（2021）❺基于空间匹配方法的分析结果显示，低成本的粗钢企业主要分布于渤海湾、准噶尔、江汉、鄂尔多斯等盆地及附近，这些盆地的粗钢企业数量多，碳排放量大，封存场地的适宜性较高（即封存容量与注入性好），CCUS 技术的源汇匹配度较高（见图 2-2-4e）。

5. 市场需求

钢铁需求与建筑、机械、汽车、能源、家电和造船等行业发展态势密切相关，受到不同区域工业化和城镇化进程影响。我国钢铁工业的生产布局长期呈

---

❶ 张真，杜宪军 . 碳中和目标下氢冶金减碳经济性研究 [J]. 价格理论与实践，2021, 5:65-68.

❷ IEA. An energy sector roadmap to carbon neutrality in China. 2021. https://www.iea.org/reports/an-energy-sector-roadmap-to-carbon-neutrality-in-china.

❸ 清华大学气候变化与可持续发展研究院 . 中国 2035 年及中长期低碳发展战略研究报告，2022.

❹ Huang Y S, Liu S J. Chinese Green Hydrogen Production Potential Development: A Provincial Case Study[J]. IEEE ACCESS, 2020, 8: 171968-171976.

❺ 魏宁，等 . CCUS 对中国粗钢生产的碳减排潜力评估 [J]. 中国环境科学，2021, 41 (12): 5866-5874.

现"北重南轻"的特点，华北、东北地区钢产量大于消费量（见图2-2-4f），而华东、中南和西南地区钢产量小于消费量，东北和华北地区的鞍钢、本钢和首钢等大型钢铁企业均将华东、中南等地作为国内钢材重点销售地区（王滨和余璐，2020）❶。

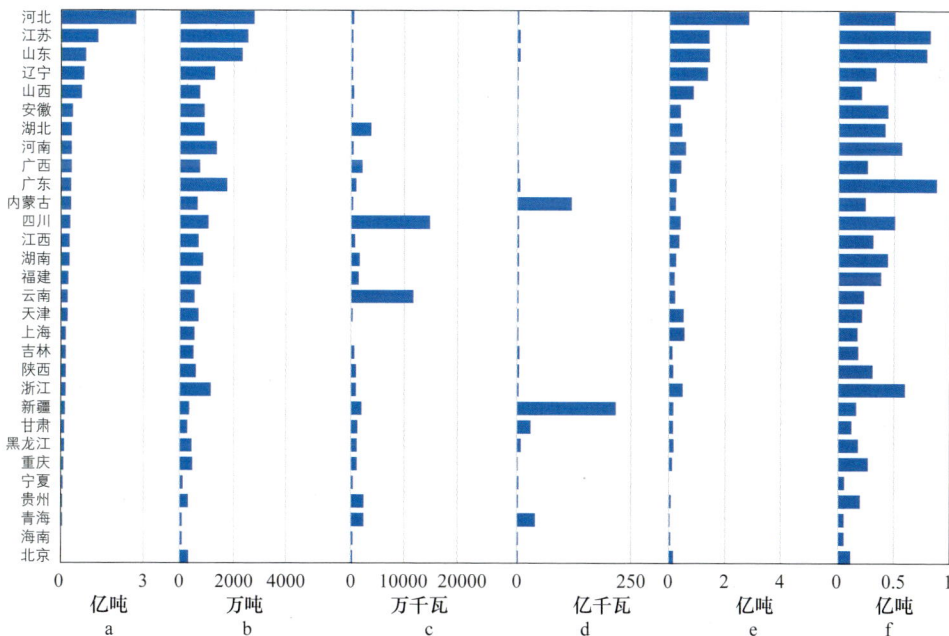

图 2-2-4　钢铁产业布局主要影响因素分省指标 ❷

a—2020 粗钢产量；b—2020 废钢资源产生量；c—水电资源潜力；

d—风电和集中式光伏资源潜力；e—粗钢生产设施匹配 CCUS 潜力；

f—2020 钢材消费量

2035 年，我国将基本实现社会主义现代化，城镇化率达到更高水平，基本实现新型工业化，各行业在碳中和目标约束下，钢材消费量将进入下行区间。至2060 年，受产品迭代、非金属材料替代等因素影响，我国传统用钢行业将发生

---

❶　王滨，余璐 . 2020 年中国钢铁工业产业布局研究 [J]. 中国钢铁业，2021，4:11-19.

❷　数据来源：钢铁产量引自国家统计局数据；铁矿石产量引自中商产业研究院 . 2021 年全国各地铁矿石原石产量排名：河北省排名第一 . 2022；钢材消费量和废钢资源产生量由冶金工业规划研究院提供；可再生电力发展潜力包括水电、风电和光伏，其中水电数据引自国家能源局新能源和可再生能源司（2020），其他引自 Wang Y, Chao Q C, Zhao L, et al. Assessment of wind and photovoltaic power potential in China. Carbon Neutrality, 2022；粗钢生产设施匹配 CCUS 潜力引自魏宁等（2021）。

重大改变，钢材消费量将较 2035 年有较大幅度下降。预计 2060 年粗钢消费量将下降到 3.5 亿~8 亿吨（李晋等，2022）[1]，较 2020 年下降 20%~65%。

6. 环境容量

区域空气质量等环境因素是近中期影响我国钢铁行业布局的主要因素，未来也将持续发挥重要作用。我国钢铁产业分布密集的京津冀、长三角地区，也是我国空气污染较严重的地区。这些地区的钢铁企业将持续面临更为严格的产能压减要求。

此外，钢铁生产需要消耗大量水资源。而目前我国人均水资源低于 1700m³ 缺水警戒线的 14 个省粗钢产量占全国 70%。河北、江苏和山东三个钢铁大省人均水资源量都很低，2020 年分别仅为 146.3m³、543.4m³ 和 375.3m³，基本处于 500m³ 以下的极度缺水状态。可以预见，这些水资源短缺地区将持续面临更为严格的产能压减要求。

（三）钢铁产业区域布局整体趋势研判

基于 TOPSIS 方法，对钢铁行业不同技术的区域适宜性开展评价。总体来看，由于基数较大且面临较为严格的环境容量限制，河北、山东和江苏等地钢铁产能退出规模可能会较大，钢铁产能或将从这些地区以电炉炼钢和氢冶金等形式，向西南、西北和华南沿海地区转移。预计到 2060 年，我国西北地区将以电炉炼钢和氢冶金技术为主，西南地区将以电炉炼钢技术为主，东部和东北地区钢铁 CCS 技术占比相对较高（见图 2-2-5）。

（四）政策建议

一是国家根据各地区产业基础、废钢资源、绿色电力与绿色氢能保障、碳封存潜力、市场需求以及环境容量，有序引导钢铁行业产业布局。

二是各地区制定结合自身的特点，因地制宜的识别符合区域发展特点的钢铁产业低碳转型路径。东部地区应加强区域内钢铁产业减量化，通过流程工艺再造、

❶ 李晋，谢璨阳，蔡闻佳，等. 碳中和背景下中国钢铁行业低碳发展路径 [J]. 中国环境管理，2022, 14:48-53.

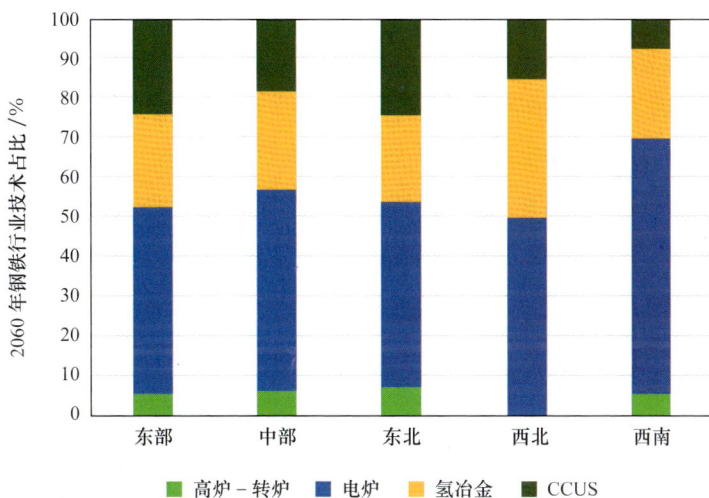

图 2-2-5　各区域 2060 年钢铁行业技术占比

燃料和原料替代等方式,多措并举促进钢铁产业低碳转型;中部地区以区域市场容量和资源能源支撑为底限,按照市场化趋势布局钢铁产业;西南、西北地区依靠自身的可再生能源资源、碳封存潜力资源,优先以电炉炼钢、氢冶金等形式部分承接其他地区产能转移,满足区域市场需求。

三是鼓励以低碳为导向的跨区域钢铁产能置换,跨区域产能置换政策向电炉炼钢、氢冶金以及钢铁结合 CCS 等低碳技术予以倾斜。

四、研究展望

本研究将进一步开展分区域钢铁低碳转型的资源与技术评价,分析电炉炼钢、氢冶金与钢铁 CCS 等技术分区域应用潜力。在钢铁 CCS 技术潜力评价方面,考虑我国内陆碳封存潜力与钢铁行业布局,在部分区域会存在空间分布上的不匹配(例如,广东等省陆地碳封存潜力有限,而钢铁行业较为发达),将加强东部沿海地区海上碳封存潜力的评价,以进一步预估分区域钢铁行业低碳/负碳技术构成与能源消费构成。

五、专题组成员

专题研究组主要成员名单见表 2-2-2。

表 2-2-2　专题研究组主要成员名单

序　号	姓　名	技术职称 / 职务	工作单位
1	常世彦	副研究员	清华大学能源环境经济研究所 / 清华－力拓中心
2	李　冰	正高级工程师 / 中心主任	冶金工业规划研究院低碳发展研究中心
3	马思宁	博士生	清华大学能源环境经济研究所
4	张利娜	工程师	冶金工业规划研究院低碳发展研究中心
5	邓浩华	工程师	冶金工业规划研究院冶炼原料处
6	杨　超	本科生	清华大学工程物理系

第三章
碳中和目标下中国钢铁行业需求预估及厂级转型路径研究

一、研究背景

中国提出碳达峰、碳中和目标后，钢铁行业进行深度碳减排以协同实现气候与环境目标已成为学术界和工业界的基本共识。聚焦于碳达峰目标，钢铁行业内部发展特征和外部政策均要求钢铁行业进行产能管控。从内部特征来看：一是中国未来钢铁需求总体呈现下降趋势，诸多文献研究认为我国的粗钢产量将在2025年之前达峰，随后进入稳步下降的阶段；二是以长流程高炉为主的生产工艺将逐步升级为短流程电炉、氢能炼钢等先进工艺；三是现役生产设施平均运行年份较短，需要政策推动其提前退出。在外部政策要求上，为实现经济转型、环保和低碳等目标，我国自2013年起陆续颁布一系列政策文件要求钢铁行业压减过剩和落后产能。

因此，需要通过以政策手段强制推动钢铁行业高碳产能提前退出，然而现有研究较少关注如何综合考虑效益和公平因素、科学设计高碳产能退出策略的问题。产能退出策略既需要关注其潜在环境收益，以最大化政策效益，又要关注产能退出对于各省的经济和就业影响，以实现钢铁行业区域间公平的低碳转型。

二、研究方法

本研究旨在提出一种兼顾政策效益与公平的钢铁行业高碳产能（指高炉）退

出策略，结合自上而下的需求预估与自下而上的高炉产能综合绩效评估，识别碳中和背景下高炉产能的退出规模和路线图。本章的具体研究内容和方法如下（见图 2-3-1）：

（1）基于存量和消费侧视角的动态物质流分析方法，预估 2020—2060 年中国钢铁实际需求、对应产能规模、废钢资源量和回收利用量、电炉钢产量占比等指标。

（2）通过多数据源匹配、交叉验证以及核算等方法，完善已经初步建立的中国钢铁企业生产设备环境排放数据库，并基于高炉设施的碳排放量、耗水量、空气污染物排放量，根据不同的指标权重，计算高炉设备的"碳 – 水 – 健康"耦合综合绩效指数。

（3）结合以上两部分工作，提出"十四五"时期基于综合绩效的中国钢铁行业高空间分辨率高炉产能退出策略，按综合绩效指数排名顺序识别这一时期应退出高炉产能。

（4）考虑产能退出任务在省际间分配的公平性，将一定比例的应退出产能分配至各省后，探讨产能退出策略在环境效益和转型公平性之间的权衡取舍关系，并提出改善效益与公平性的优化产能退出策略。

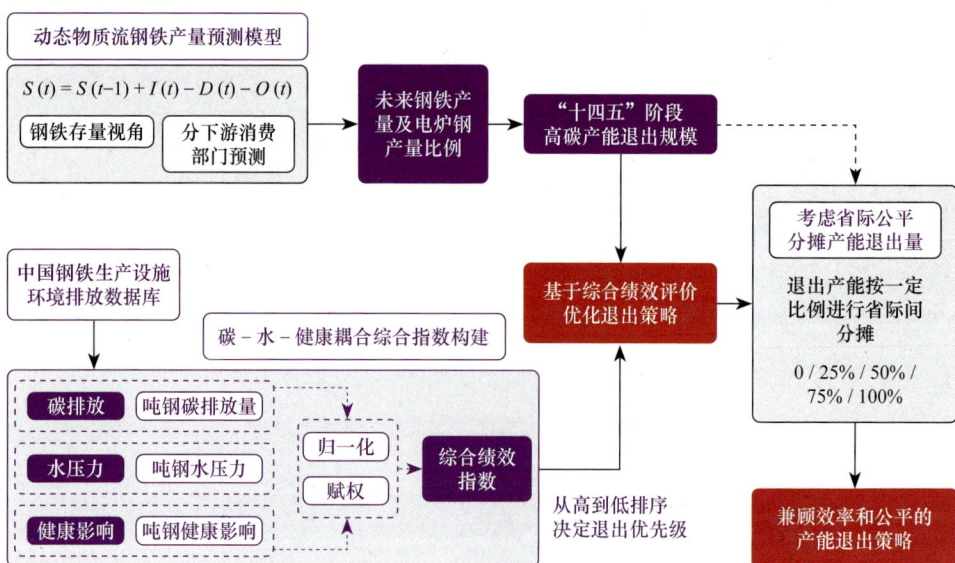

图 2-3-1 研究路线图

三、主要发现和政策建议

（一）中国钢铁行业产量分布及环境绩效

目前，中国钢铁产能集中分布于河北、天津、山东等华北省份。图 2-3-2 展示了中国钢铁生产设施单位粗钢产量的环境影响，从图中可见，单位粗钢产量的 CO_2、SO_2、NO_x、PM 排放以及耗水量差异较大，区间分别为 1.01～2.95t CO_2/t 钢、0.12～1.04kg SO_2/t 钢、0.26～1.64kg NO_x/t 钢、0.08～1.39kg PM/t 钢和 1.03～5.87t H_2O/t 钢。

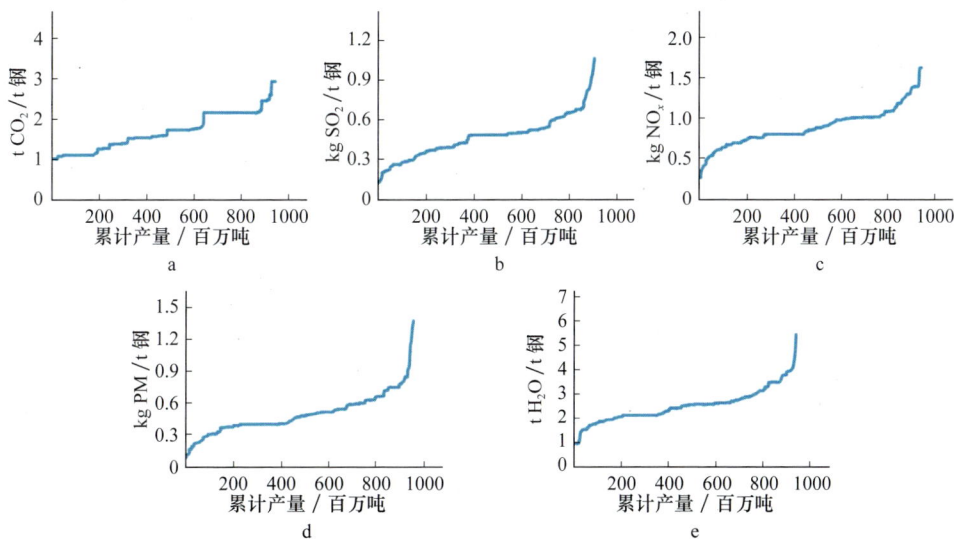

图 2-3-2 中国钢铁生产设施单位粗钢产量的环境影响分布

a—单位粗钢产量的 CO_2 排放量；b—单位粗钢产量的 SO_2 排放量；

c—单位粗钢产量的 NO_x 排放量；d—单位粗钢产量的 PM 排放量；

e—单位粗钢产量的耗水量

综合考虑"碳–水–健康"三方面的综合绩效，不同高炉的表现差异极大。在三个指标等权重时，"碳–水–健康"综合绩效较差（即指数较大）的高炉普遍分布在西北和华北省份，四川省和东南沿海也有部分高炉综合绩效较差。而综合绩效较好（即指数较小）的高炉主要分布在华南和华东省份，华中、华北和西南有部分高炉的综合绩效也较好。

（二）2020—2060 年中国粗钢需求量及电炉钢比例

中国粗钢需求量和产量将持续下降，电炉钢比例将持续上升，到 2030 年、2050 年和 2060 年，全国粗钢产量将从 2020 年的 10.64 亿吨逐步下降至 9.77 亿吨、7.30 亿吨和 6.12 亿吨，电炉钢比例将从 2020 年的 10.3% 逐步上升至 19.9%、41% 和 53.2%（见图 2-3-3）。

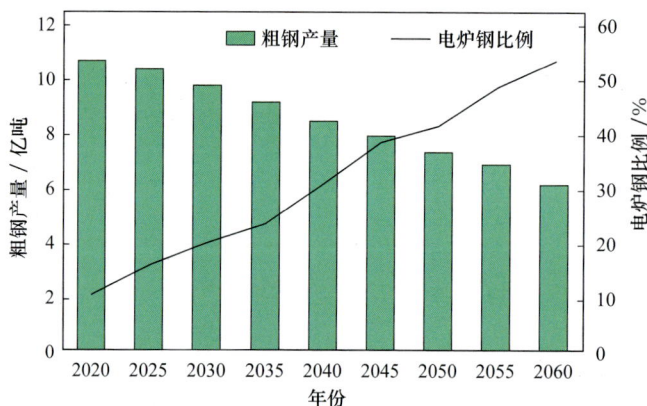

图 2-3-3　中国 2020—2060 年粗钢产量和电炉钢比例预测结果

（三）基于综合绩效指数的"十四五"时期中国钢铁高炉产能退出路线及影响

考虑不同的产能退出和新建产能要求，"十四五"时期中国现役高炉产能需要退出 0.98 亿～2.86 亿吨（平均 1.92 亿吨）。在退出 1.92 亿吨高炉产能的情景下，基于综合绩效识别高炉产能退出的优先级，结果表明退出产能集中于河北（约 8248 万吨）、天津（约 2427 万吨）、上海（约 2090 万吨）、四川（约 1828 万吨）、山东（约 1620 万吨）、新疆（约 1475 万吨）等省市自治区（见图 2-3-4）。

高炉产能退出将带来碳减排效益、空气污染物减排及健康协同效益和水压力缓解效益。然而，不同的退出策略带来的环境效益存在差异。传统的产能淘汰策略一般是基于运行年份（即优先淘汰运行年份越长的产能）或是基于产能规模（即

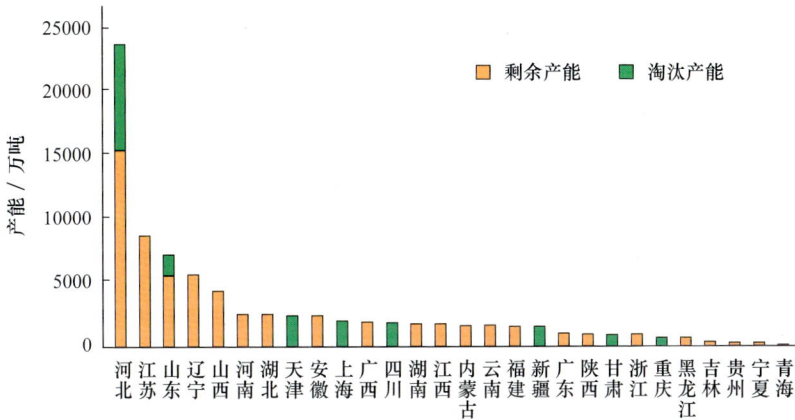

图 2-3-4　基于综合绩效退出策略的各省高炉产能退出规模

优先淘汰产能较小的设施）。本章计算了上述两种传统策略下的产能淘汰规模及环境效益，并与提出的基于综合绩效指数的策略进行对比，结果表明在绝大多数产能退出规模下，本章提出策略的环境效益均优于传统的基于运行年份或产能的退出策略，如图 2-3-5 所示。

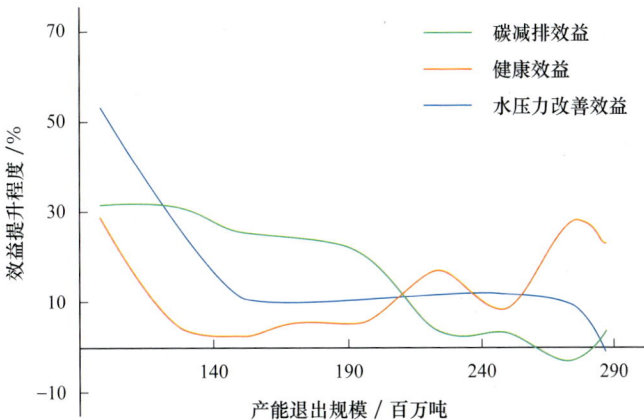

图 2-3-5　与传统策略相比，基于综合绩效指数退出策略在不同退出规模下的
碳－水－健康效益的提升程度（以传统策略为基准值）

（四）兼顾环境效益和转型公平性的高炉产能优化退出策略

尽管基于综合绩效的产能退出策略在环境效益上极有可能优于传统策略，但

该策略将大量产能退出任务分配至少数几个省份，相比于传统方案，该方案加剧了省际间产能退出任务分摊的不公平性。图 2-3-6 展示了三种退出策略下产能退出的"基尼系数"❶，结果表明在所有情景下，基于综合绩效指数的策略基尼系数均高于传统策略。

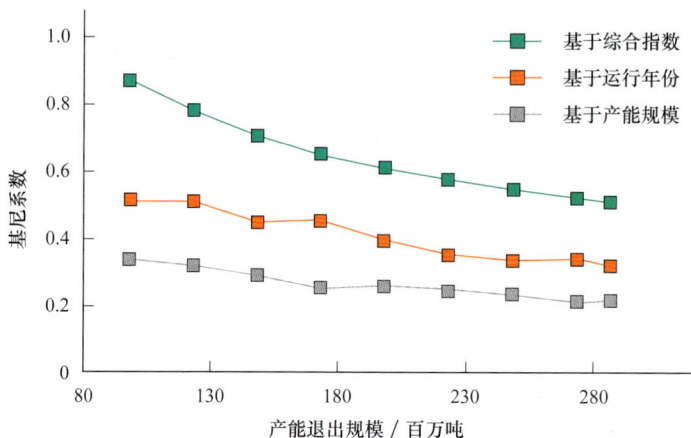

图 2-3-6　三种退出策略在不同产能退出规模下，产能退出导致的
省际间不公平性（以基尼系数表示）

为改善产能退出策略的省际公平性，本章提出，可通过选择一定比例的应退出总产能分摊至各省，在各省内按综合绩效指数进行去产能，其余产能仍在全国范围内按综合绩效指数进行去产能，结果如图 2-3-7 所示。当选择的比例超过50% 时，改进方案在环境效益和去产能的省际公平性上均优于传统方案，能够实现效益和公平的双赢，如图 2-3-7 中灰色区域所示。

（五）中国钢铁行业低碳转型的政策建议

一是促进高炉－转炉产能的优化调整，推动电炉工艺布局，以强化减污降碳协同增效、增强我国钢铁行业率先达峰的总体效益。21 世纪以来，我国国民

---

❶ 基尼系数原用于定量刻画收入或财富分配公平性，最大值为1，代表收入或财富分配绝对不公平；最小值为 0，代表收入或财富分配绝对公平。在本研究中，钢铁高炉退役的"基尼系数"用于评价退役产能在各省间分配的公平性，基尼系数越接近 0，代表退役产能分配越公平，即各省应退役产能占本省总产能的比例越接近，反之则越不公平。

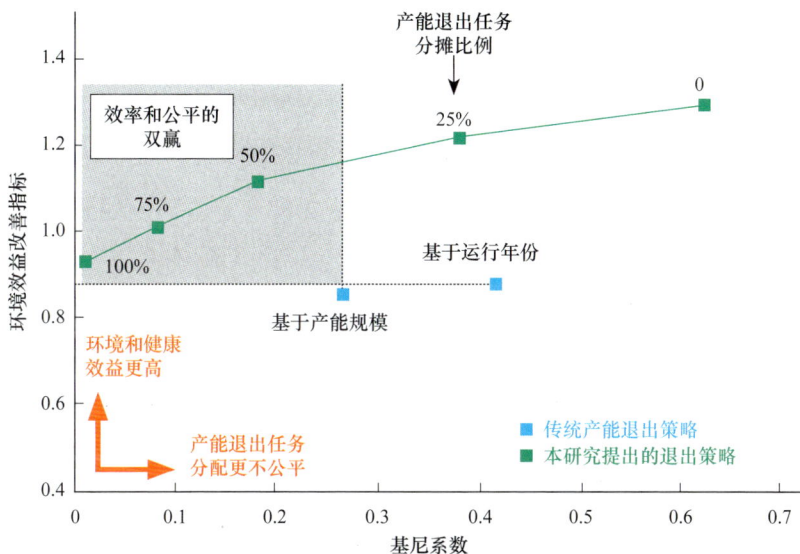

图 2-3-7　按不同比例向各省分摊产能退出任务，基于综合绩效产能退出策略的
环境和健康效益与公平性的变化情况（产能退出 1.92 亿吨情景）

社会经济快速发展，建筑、交通和机械用钢需求大幅提升，这也催生了一大批钢铁企业迅速进行产能扩张的布局，从而造成产能过剩，严重损害了钢铁行业的良性可持续发展。为了改变这一局面，我国出台了一系列重要举措进行化解过剩产能，通过淘汰一批技术不合格、排放不达标的落后产能，将钢铁行业的整体产能利用率提升到健康的水平。不过，在新的历史发展局面下，我国的城镇化建设进一步放缓，人均钢铁存量达到较为靠前的水平，钢铁需求量的增幅有限，从供给需求侧将面临着新一轮的产能过剩的局面。此外，我国钢铁生产结构以高污染、高耗能、高碳排放的"高炉－转炉"长流程工艺为主，而更加清洁、节能和低碳的电炉短流程工艺比例约为10%，远低于欧美等发达国家的比例。限制短流程电炉工艺的主要因素是废钢资源供应量有限，而随着我国进入到平稳发展阶段以及优化废钢回收体系，废钢供应资源会进一步提升，为电炉工艺的比例创造良好的发展条件。为实现减污降碳协同增效，增强钢铁行业率先实现碳达峰的总体效益，我国有必要推出相应的激励型和强制型组合措施，优化调整高炉－转炉产能，推动电炉工艺发展。具体而言，应严格限制新增长流程产能准入，积极开展电炉替代高炉的产能替代行动，通过碳市场扩容至钢

铁行业、能耗双控向碳排放双控转变等政策组合，实现高碳强度炼钢产能的逐步有序退出；通过产能和产量管控的组合措施，助力钢铁行业成为碳达峰工作的排头兵，响应《2030 年前碳达峰行动方案》提出的"工业领域力争率先实现碳达峰"的要求。

二是支持鼓励氢冶金、钢铁结合 CCS、生物炭炼钢等深度脱碳技术的创新研发体系，并提前研判深度脱碳技术的空间布局策略。我国钢铁行业目前的低碳行动主要集中在产能产量管理、能效水平提升和电炉工艺推广等方面。但在碳中和的长期目标下，实现钢铁行业的近零排放仍然需要氢冶金、CCS、生物炭炼钢等深度脱碳技术的大规模应用。为了做好钢铁行业实现深度减排的战略部署，有必要出台一系列政策支持相关技术的创新研发以及应用部署的提前研判。一方面，支持鼓励氢冶金、生物炭炼钢、CCS 技术等关键技术的研发和试点。推进产学研用协同创新，强化关键低碳技术的基础研究和应用研究，打通科技成果转化渠道，鼓励支持建立试点研发创新基地，强化企业的创新主体地位，并对于大规模试点示范项目给予财税金融支持。另一方面，结合系统科学分析的方法，提前研判不同颠覆性技术大规模应用可能对社会经济、居民就业、生态环境和公共健康产生的多维影响，充分考虑资源禀赋性在空间上的异质性表现，从成本效益的角度识别可实现优先部署钢铁行业脱碳技术的地区，逐步推动颠覆性脱碳技术从试点示范到大规模应用。

四、研究展望

在下一阶段研究中，拟基于碳排放和环境约束对钢铁产能的区域优化布局开展研究。具体而言，在碳中和背景下，颠覆性的零碳炼钢技术存在广泛的应用前景，为钢铁行业发展赋予了新的动能。例如，氢能炼钢、碳捕获、利用与封存技术（CCUS）和生物炭炼钢等。然而，上述技术的发展依赖风、光、土地、生物质资源、碳捕获封存位置等关键性空间要素。因此，零碳炼钢技术未来的大规模发展，将改变钢铁产业的关键性依赖资源的同时，也将为钢铁产能区位布局带来全新的内涵。在未来钢铁产能置换和新建的过程中，有必要将以上因素纳入决策，从而对中国钢铁产能未来的空间布局图景进行提前研判。

五、专题组成员

专题研究组主要成员名单见表 2-3-1。

表 2-3-1　专题研究组主要成员名单

序　号	姓　名	技术职称/职务	工作单位
1	蔡闻佳	副教授	清华大学地球系统科学系
2	李　晋	博士生	清华大学环境学院
3	谢璨阳	硕士生	清华大学环境学院
4	崔学勤	博士后	清华大学地球系统科学系
5	刘　钊	博士后	清华大学地球系统科学系
6	张诗卉	博士后	清华大学地球系统科学系
7	李瑞瑶	博士生	清华大学地球系统科学系

第四章
钢铁行业低碳技术识别、评价
与应用前景分析

一、研究背景

（一）钢铁行业的碳减排对实现"双碳"目标至关重要

作为能源密集型行业，钢铁行业是温室气体排放的大户，该行业的"减碳"乃至于"脱碳"对于"双碳"目标实现至关重要。

（二）钢铁行业需要充分探索低碳、零碳技术路线

目前，中国钢铁行业推动"双碳"目标实现的技术创新面临三方面挑战：钢铁行业长期形成的煤－焦生产方式，难以在短期内扭转；中国钢铁行业能耗已经大幅降低，进一步提升的空间不大；中国钢铁行业限制产能政策可能难以满足进一步发展经济，建设国家的需要。

（三）亟需对技术选择的成熟度、应用潜力和效果进行评判

技术创新通常也伴随着风险，钢铁企业必须从全产业链角度谨慎评估并权衡各种技术选择。对于政策制定者来说，深挖钢铁碳中和相关技术，形成简要、全面的发展图景，将有助于制定符合行业需求的政策。

因此，很有必要评价低碳技术的成熟度、分析技术应用的效果，并以此设计技术创新发展的路线图。

二、研究方法

核心研究问题是钢铁全产业链各环节的重大减排技术创新的评价问题，对应的研究思路：第一，通过文献调研和企业调研的手段识别钢铁行业主要技术创新选择；第二，结合学术界进展及产业界现状评估低碳技术的成熟度，以及减碳成本、绿色溢价等表现；第三，建立钢铁行业生命周期分析数据库，建立相关分析模型，从而评估各项技术应用的可行性及效益。

如图 2-4-1 所示，依托已有的氢能生命周期分析、钢铁减碳技术调研等基础，进行如下研究。

（一）识别技术创新方案，跟踪企业的技术进展

本部分主要采取了文献调研和企业调研等方法。一方面，充分识别并总结钢铁行业现有技术方案（以氢能冶金和 CCUS 为主），重点调研各种技术参数，整理分析数据资料；另一方面，跟踪建立起国际、国内主要钢铁企业（如安塞乐米塔尔、宝武等）以及钢铁减排技术供应企业（如 Tenova-HYL、MIDREX）的技术进展。

（二）搭建生命周期分析数据库及模型，进行技术评估

本部分重点依托全生命周期分析方法，建立起分析冶炼环节所需的冶金数据库，并建立起相匹配的钢铁冶金生命周期分析模型，对不同技术路线进行碳足迹测算分析。冶金数据库包括主材、辅材、副产物及其最终利用状况和所替代的原料的消耗 / 生成量及它们自身生命周期的能耗状况，以及冶炼设备 / 工序的详细框架及工艺燃料种类、消耗量。

（三）开展企业与减排技术的聚类分析，分析技术应用选择及应用场景

本部分结合钢铁行业调研及技术评估结果，基于厂级数据挖掘和梳理，进一

步对企业 / 技术进行聚类分析，进而从企业角度进行技术战略的设计与评价，从技术角度识别各项技术的优势利用场景。

（四）深入结合我国实际，建立技术发展路线图，形成政策建议

基于前三个部分的研究，综合考虑我国的社会经济发展、钢铁企业的实际情况以及技术评估结果，考虑行业发展风险及低碳技术应用成本，面向行业制定技术发展路线图。

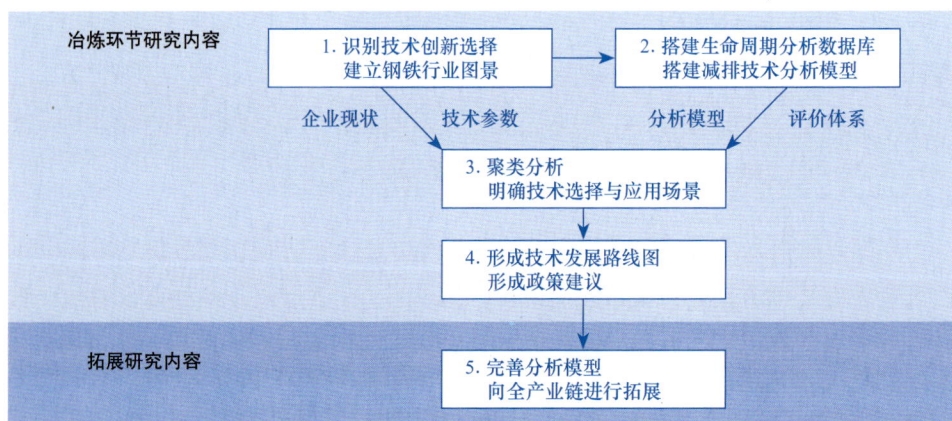

图 2-4-1　内容框架和技术路线图

三、主要发现和政策建议

（一）钢铁生产不同流程的生命周期碳排放分析

如图 2-4-2 所示，基于全生命分析的框架，对传统炼钢技术（高炉－转炉、高炉－转炉加氢、废钢 / 铁水电弧炉、纯废钢电弧炉）、加氢 / 纯氢直接还原铁（Direct Reduced Iron, DRI）技术和可以作为过渡技术的化石燃料 DRI（焦炉煤气基 DRI、煤基 DRI、MIDREX 设计的天然气 DRI、ENEFARM 设计的天然气 DRI）技术的 GHG 排放进行了分析。

其中，加氢 / 纯氢直接还原铁技术细分为全氢冶炼（采用氢作为还原剂和燃

料)、部分氢气冶炼(仅采用氢作为还原剂),以及天然气 DRI 加氢这三类技术细项。

全生命周期分析研究结果表明,纯氢 DRI 技术路线的主要温室气体(含 CO_2、N_2O 和 CH_4)排放水平与当前的废钢–电弧炉技术路线相当,DRI 这种中间产品具有在电炉中与废钢进行相互替代的潜力。然而,如果纯氢 DRI 技术路线所需的反应热由化石燃料供给,则这条技术路线的全生命周期碳排放与化石燃料 DRI 技术路线相接近。

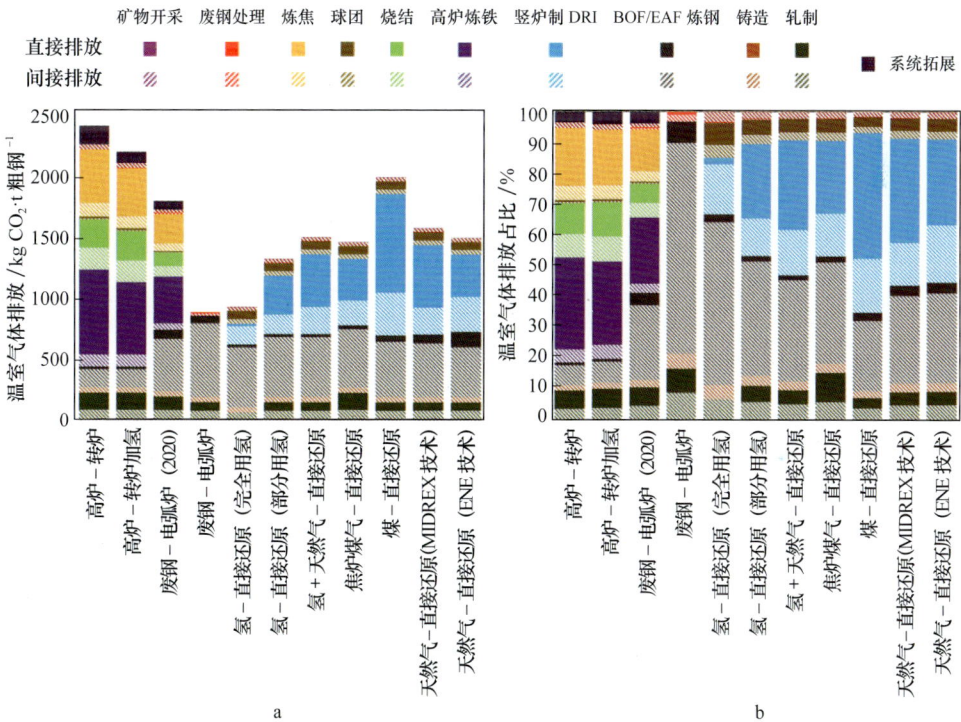

图 2-4-2　生命周期温室气体排放结果

a—排放量;b—各阶段排放占比

(二)通过情景假设分析氢能冶金的前景与影响

设置未来不同废钢回收程度的情景,分析了氢能炼钢技术在中国钢铁工业中的减排潜力。初步研究结果表明,未来废钢回收与钢铁需求的互动关系将决定 DRI 的发展潜力。在综合考虑废钢回收情况比较理想、粗钢需求将有所下降的情景中，2050—2060 年中国利用直接还原技术炼铁生产的粗钢量有望达到 1 亿 ~ 2 亿吨水平。

（三）建议加快部署钢铁行业低碳发展关键共性技术的研发进程

建议加大对基础性、前瞻性、关键共性技术的研发投入。有针对性、有重点的组织推进，促进低碳、零碳炼铁技术的研发及产业化应用工作。

特别是针对以氢冶金为代表的颠覆性、革命性工艺技术，以 CCUS 为代表的碳利用技术，围绕基础理论、工艺路线、装备制造、系统集成等，开展全流程、全产业链的系统攻关，攻克钢铁生产低碳技术难题。

四、研究展望

在下一阶段中，将围绕钢铁低碳技术减排成本与绿色溢价，开展微观细致和宏观全面的两方面研究。

微观上关注各个技术路线，宏观上关注全行业技术战略，包括技术渗透率、投资规模、技术进步情况等研究。

五、专题组成员

专题研究组主要成员名单见表 2-4-1。

表 2-4-1　专题研究组主要成员名单

序　号	姓　名	技术职称 / 职务	工作单位
1	欧训民	副教授	清华大学能源环境经济研究所
2	任　磊	博士生	清华大学能源环境经济研究所
3	刘建喆	硕士生	清华大学能源环境经济研究所
4	陈泽宇	硕士生	清华大学能源环境经济研究所

第五章
多约束下钢铁生产企业温室气体排放核算方法学的改进研究

一、研究背景

　　我国钢铁生产企业面临编制国内试点及全国碳市场 MRV 规则、国际碳排放核算等多重核算方法学的挑战。截至 2022 年上半年，中国不同政府部门已发布 6 个钢铁行业核算要求（方法学、指南等），欧盟碳市场和欧盟碳边境调节机制也纷纷针对钢铁行业发布了核算要求。本章将对国内碳市场及国际钢铁行业碳排放核算要求进行分析，并提出未来钢铁指南改进的建议方向。

二、研究方法

　　调研碳市场中钢铁行业相关温室气体核算方法，梳理问题及趋势。调研分析欧盟碳市场、欧盟碳边境调节机制进展及关于钢铁生产企业核算的要求。调研我国主要钢铁生产企业生产流程及工艺特点，通过 LEAP（长期能源替代规划系统）模型实现交互性、可视化运算程序，以提高我国钢铁生产企业碳排放核算的能力建设，技术路线如图 2-5-1 所示。

三、主要发现和政策建议

（一）国内钢铁行业核算要求对比分析

　　本研究分析的国内碳市场钢铁行业碳排放核算要求包括：国家发展和改革委

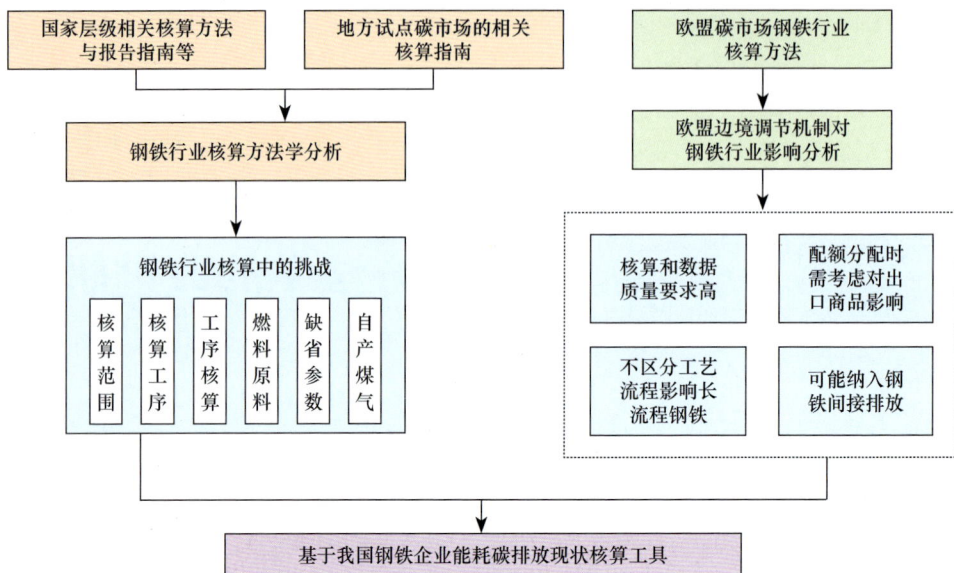

图 2-5-1　技术路线图

员会颁布的《中国钢铁生产企业温室气体排放核算方法与报告指南》和国家标准《温室气体核算与报告要求 第 5 部分：钢铁生产企业》；生态环境部每年发布的《钢铁生产企业温室气体排放报告补充数据表》（以下简称各年度"补充数据表"）；地方试点碳市场的核算指南《上海市钢铁行业温室气体排放核算与报告方法（试行）》《广东省钢铁企业二氧化碳排放信息报告指南（2022 年修订）》。

本节对上述核算方法学进行比较分析，得到以下结论：

（1）钢铁生产核算方法较为统一。包含排放因子法和物料平衡法两种，对于化石燃料燃烧、净购入使用的电力和热力排放，一般使用排放因子法；对于含碳原料输入输出，一般使用物料平衡法。

（2）按钢铁工序进行排放核算已具备一定的理论和实践依据。各个指南均明确了钢铁生产考虑的工序，其中上海指南、广东指南和补充数据表均要求按照一定的工序优先级填报数据（要求略有不同）。

（3）工序间核算问题。钢铁生产存在工序间输入输出（如工序间互供的高焦转炉煤气），各个指南未进行明确 / 未涉及该情况；2019 年度补充数据表及前序年份表格均计算工序的所有一次能源和二次能源购入及调出，2020 年度补充数据表只考虑一次能源。

（4）核算逐渐细化。2019年度补充数据表填报炼钢工序，2020年度填报转炉炼钢工序（冶炼、精炼、连铸）和电炉炼钢工序（冶炼、精炼、连铸），考虑更多种的钢铁生产情况，但填报难度也相应增加。

（二）钢铁行业核算过程中的挑战

通过收集企业在报送中提出的问题并进行分类，钢铁生产企业核算所面临的挑战主要有以下几个方面：

（1）核算范围问题。即钢铁生产企业哪些工序和哪些产品将纳入碳交易市场，这与钢铁生产企业所与其包含的工序直接相关，目前的核算指南虽指出核算涉及的工序，但未完全明确钢铁生产企业和相关工序的定义，相关企业对于自身的行业属性判定存在不确定性。

（2）核算工序问题。具体指填写钢铁行业补充数据表格过程中，钢铁企业煅烧石灰石是否算作辅助工序等。各个工序的定义尚未在指南中明确，特别是对其他辅助工序的定义，不同的指南存在差异。

（3）分工序核算问题。主要指长流程钢铁企业的能耗无分工序的计量，应如何核算分工序的碳排放等。随着逐渐细化的工序核算分类，钢铁企业目前的核算精度现状还需要进一步调研。

（4）化石燃料作为含碳原料核算问题。烟煤焦炭等作为还原剂时属于哪类排放源、采用哪种方式进行核算。目前的解答结果是比较一致的，按照化石燃料排放、排放因子法进行核算，但该处理方式的合理性以及与现有企业统计的一致性待进一步确认。

（5）缺省参数不充分问题。企业使用兰炭等其他含碳固体、液体、气体燃料无法填报，且使用的缺省参数不明确。根据调研企业使用的其他固体燃料多样，也存在其他气体、液体燃料使用，需进一步调研钢铁生产企业其他化石燃料的使用情况，必要时需补充应用较多的化石燃料缺省值。

（6）自产煤气企业内互供可比性问题。钢铁生产企业自产煤气在工序间互供是较为常见的现象。依据"2020年度补充数据表"填报要求，同一企业工序间的互供不考虑，供出企业优先级的煤气等进行扣减，该处理方式将造成包含工序长短不同的钢铁生产企业在同一工序的可比性较弱，例如同一工序排放强度差异极大，排放量正数负数共存等，无法纵向对比的核算结果，无法体现某工序的实际排放量和强度。

（三）欧盟碳市场钢铁行业核算方法及要求

欧盟碳市场（EU ETS）基于指令 2003/87/EC，制定了对于核算和报告的要求（规定 2018/2066（MRR））。MRR 正文部分规定了核算和报告的共性要求，针对不同行业设施的特别核算要求在附件中规定，明确了每个行业设施的纳入范围以及核算原则。

（1）欧盟碳市场核算指南。MRR 中规定的核算方法分为两种，即基于计算的方法和基于测量的方法。其中，基于计算的方法包括标准法和质量平衡法。MRR 未对各行业的核算方法单独编制指南，而是在其正文中对通用方法进行规定，再通过附件的内容对各行业工序和设施层级的特定核算方法进行详述，包括具体监测范围、核算方法、数据优先级等内容。

（2）欧盟碳市场钢铁行业核算。指令 2003/87/EC 和规定（EU）2019/331 分别对钢铁行业纳入的生产设施范围和条件及纳入的产品和相应配额分配标杆进行了规定。钢铁行业设施运营方可采用标准法或（和）质量平衡法对源流进行核算，数据选取的优先级主要基于设施类型及使用的核算方法。

（3）欧盟碳市场针对每一工序的产品进行配额分配和交易。根据规定（EU）2019/331 附件 1 的内容，纳入欧盟碳市场交易的钢铁生产工序涉及的产品包括炼焦过程产出的焦炭、烧结过程产出的烧结矿石、高炉产出的铁水、电炉碳钢、电炉高合金钢、铁铸件、石灰烧制过程产出的石灰石、白云石、烧结白云石等。

（四）欧盟碳边境调节机制对钢铁行业的影响

2021 年 7 月 14 日，欧盟委员会发布了一揽子监管提案，作为"Fit for 55"的一部分，旨在帮助实现欧洲绿色协议中"到 2030 年净减排 55% 的目标"，其中包含了欧盟碳边境调节机制（CBAM）的提案。

目前，拟纳入 CBAM 的行业包括钢铁、铝、水泥、电力、肥料等，其中钢铁产品涉及海关税号 72（除 7202 铁合金和 7204 废钢）、7301～7309。2023 年到 2025 年作为过渡期，非欧盟生产商将需要报告直接和间接排放量，从 2026 年起，进口商需要申报和购买 CBAM 许可，以涵盖与进口钢铁产品生产相关的温室气体排放。最初仅适用于直接排放，但随着时间的推移可能会扩展到间接排放（即与电力生产相关的排放，以及钢铁生产过程中消耗的热力和冷量）。需购买的 CBAM 许可仅需涵盖超过欧盟钢铁生产商获得的免费 ETS 配额的部分，并可扣减非欧盟钢铁生产商在本国碳排放市场已支付的同等碳价对应的排放。其中，欧盟钢铁生产商的免费 ETS 配额将从 2026 年到 2035 年逐步取消（每年减少 10%，到 2035 年降至零）。遵守 CBAM 的责任在于钢铁进口商（不是非欧盟生产商，除非他们是同一实体）。CBAM 下的处罚制度（反映了 ETS 下的处罚）同样仅适用于进口商。然而，非欧盟生产商需要意识到其他潜在的不合规责任来源（例如根据客户合同）。

欧盟《建立碳边境调节制度的规定》，对该机制包含的产品、执行周期、运行机制、碳排放量计算方法等做出了详细规定。其中，针对简单商品和复杂商品分别提出了相应的核算方法。

简单商品核算。简单商品是指在生产过程中仅需要不存在隐含排放量的原材料和燃料输入的产品。在某一给定设施中生产的简单商品的实际隐含排放关键是确认某商品的归因排放，指设备在报告期内由于生产该商品的过程所引起的部分直接排放。

复杂商品核算。复杂商品是指除简单商品以外的商品。在某一给定设施中生产的复杂商品的实际隐含排放确认时，除了包含简单商品所考虑的归因排放外，还需要考虑生产过程中消费的输入材料的隐含排放。

CBAM 对我国钢铁行业的影响主要有以下几个方面：

（1）核算方法上对于设施层级的排放量核算和数据质量要求较高。从核算方法的角度来看，CBAM 的核算机制侧重于计算商品的隐含排放，目前主要着眼于直接排放，但也会在将来适时加入电力、热力和冷量的消耗所引起的间接排放，特别是针对复杂产品的排放量核算，需核算商品的全部材料的隐含排放。具体核算方法和纳入范围主要依据 EU ETS 的相关规定执行，因此对于设施层级的排放量核算和数据质量要求较高。

（2）配额分配方案的确认中需要考虑未来对出口商品的潜在影响。CBAM 草案提出，进口商需支付的 CBAM 许可与欧盟碳市场中钢铁生产方的免费配额和进口商品生产国内相关碳市场的配额购买情况有关。进口商仅需支付商品超出了欧盟碳市场免费配额的部分，且如果进口商品生产商已在本国的碳市场购买了等价配额，则也可抵扣。然而，欧盟碳市场规定，针对钢铁企业发放的免费配额将逐年减少，到 2035 年将不再发放免费配额。

目前我国钢铁行业虽然已确定纳入全国碳市场，但并未完全启动，碳市场对于钢铁企业的减碳驱动力仍然未知，配额分配方案也尚未明确规定。我国碳市场的配额分配和其造成的碳价波动可能直接影响 CBAM 许可的购买，因此，在制定过程中，也应充分考虑未来对出口商品的潜在影响。

（3）CBAM 不考虑工艺流程对产品进行区分对我国钢铁长流程生产方式的影响。我国目前对欧盟出口的钢材中，采用长流程工艺的产品居多，其涉及较为复杂的生产工艺，碳排放强度普遍较高，但 CBAM 并不考虑工艺流程对产品进行区分，只考虑纳入产品的碳排放水平，这对我国钢铁企业在技术路线和工艺流程的选取上可能造成潜在影响。

（4）CMAM 未来可能纳入间接排放对我国钢铁行业能源选择的影响。此外，我国目前仍然在一定程度上依赖火力发电，作为高耗能行业，钢铁企业生产过程中电力消耗引起的间接排放通常较高。欧洲议会专委会的提案则提出将外购电力和电力产生的间接排放纳入征税范围，CBAM 纳入产品隐含的间接排放的进度可能提前，其对钢铁行业的能源选择也可能产生推进作用。

（五）基于我国主要钢铁企业能耗碳排放现状的核算工具开发

本研究通过问卷调研共收集整理 2020 年钢铁企业三个工序高炉炼铁、转炉炼钢及电炉炼钢企业样本数据各约 50 个。样本企业中长流程钢产量共 1.77 亿吨，短流程钢产量 0.28 亿吨，共计 2.05 亿吨钢，占 2020 年我国粗钢总产量的近 20%。

1. 高炉炼铁

（1）产业集中度较低。样本数据单座高炉生铁产量介于 40 万～1300 万吨，平均每座高炉生铁产量约 320 万吨，高于全国平均水平，样本多集中于我国较大规模的炼铁企业（见图 2-5-2，47 个高炉样本数据）。

（2）综合能耗普遍较高。样本企业中仅两家企业能耗水平低于国家要求的基准水平（435kg（标煤）/t），若扣除外销高炉煤气能耗，则共4家企业低于国家基准水平要求（见图2-5-3，47个高炉样本数据）。

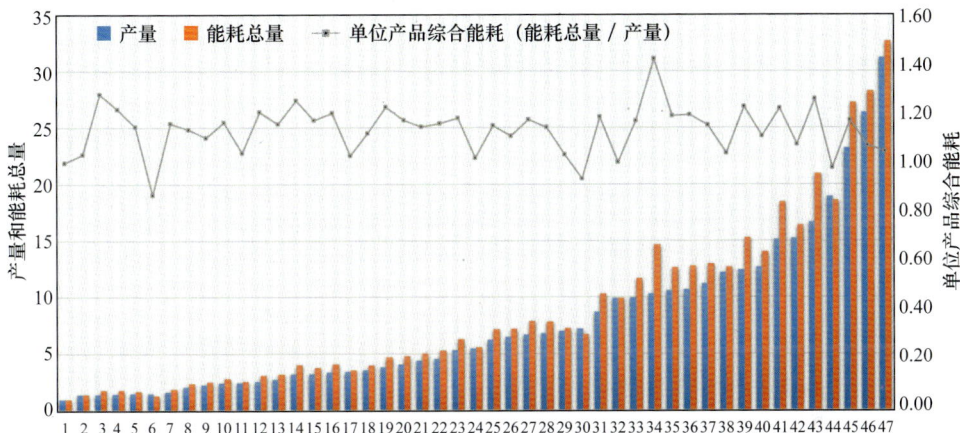

图 2-5-2　高炉炼铁工序能耗及能效 ❶

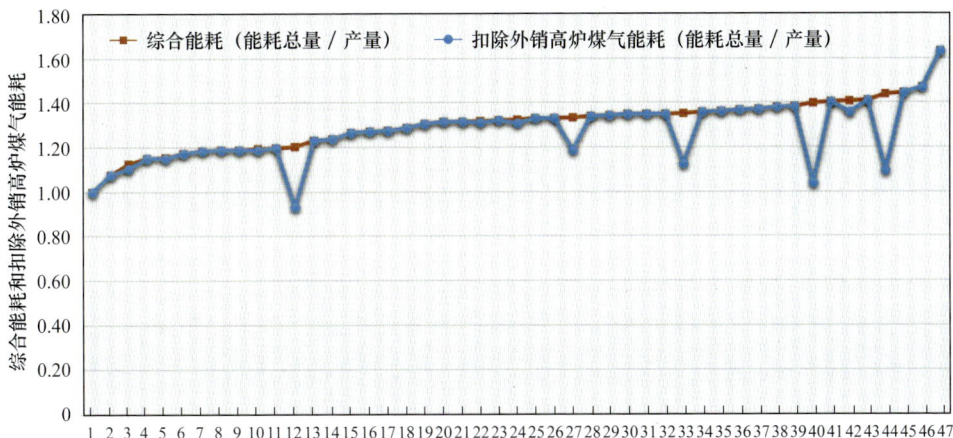

图 2-5-3　高炉炼铁工序能效水平 ❷

2. 转炉炼钢

（1）企业间产能差异大。样本数据中单个企业粗钢产量介于14万~1400万吨，

---

❶❷　数据均经归一化处理，假设样本1的各参数数值为1，其他样本各参数数值均表示为样本1相应参数数值的倍数。

平均每个企业产量约 420 万吨，企业间产能差异较大。

（2）综合能耗普遍高于基准水平。按综合能耗排序，样本企业均高于国家要求的基准水平（−10kg（标煤）/t），若扣除外销高炉煤气能耗，则共 6 家企业低于国家基准水平要求，其他钢铁生产企业能耗水平均高于国家基准水平要求（见图 2-5-4，42 个转炉样本数据）。

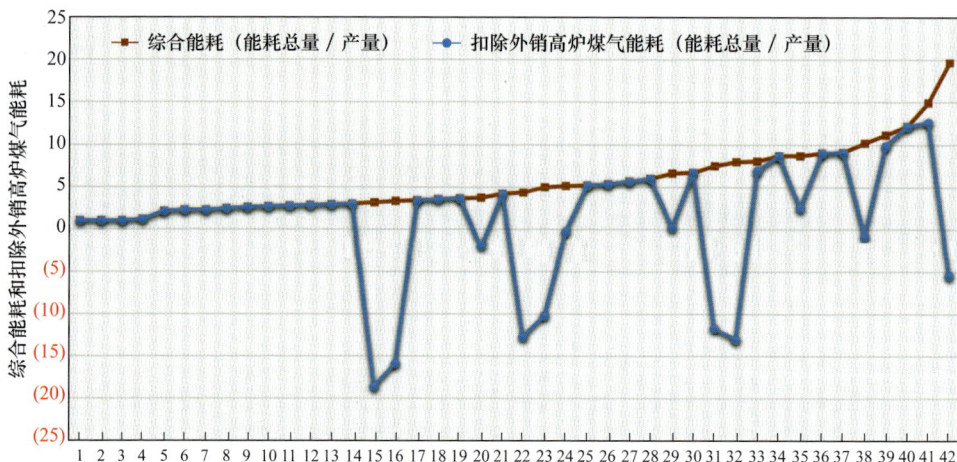

图 2-5-4 转炉炼钢工序能效水平 ❶

3. 电炉炼钢

尽管企业间产能存在较大差异，但样本企业综合能耗水平普遍较低，23 家企业中 22 家企业单位产品综合能耗低于国家要求的基准水平，17 家低于国家标准中的标杆标准。电炉炼钢三个子工序中，冶炼过程能耗水平高于精炼过程，更高于连铸过程，在短流程炼钢企业中冶炼过程是重点管控工序（见图 2-5-5，23 个冶炼样本、14 个精炼样本及 15 个连铸样本数据）。

4. LEAP 模型构建可视化小程序

本研究将钢铁企业全部样本数据录入 LEAP 模型中，可以通过模型实现数据的分类整理、数据分析以及计算能耗和碳排放等功能，模型架构如图 2-5-6 所示，

---

❶❷ 数据均经归一化处理，假设样本 1 的各参数数值为 1，其他样本各参数数值均表示为样本 1 相应参数数值的倍数。

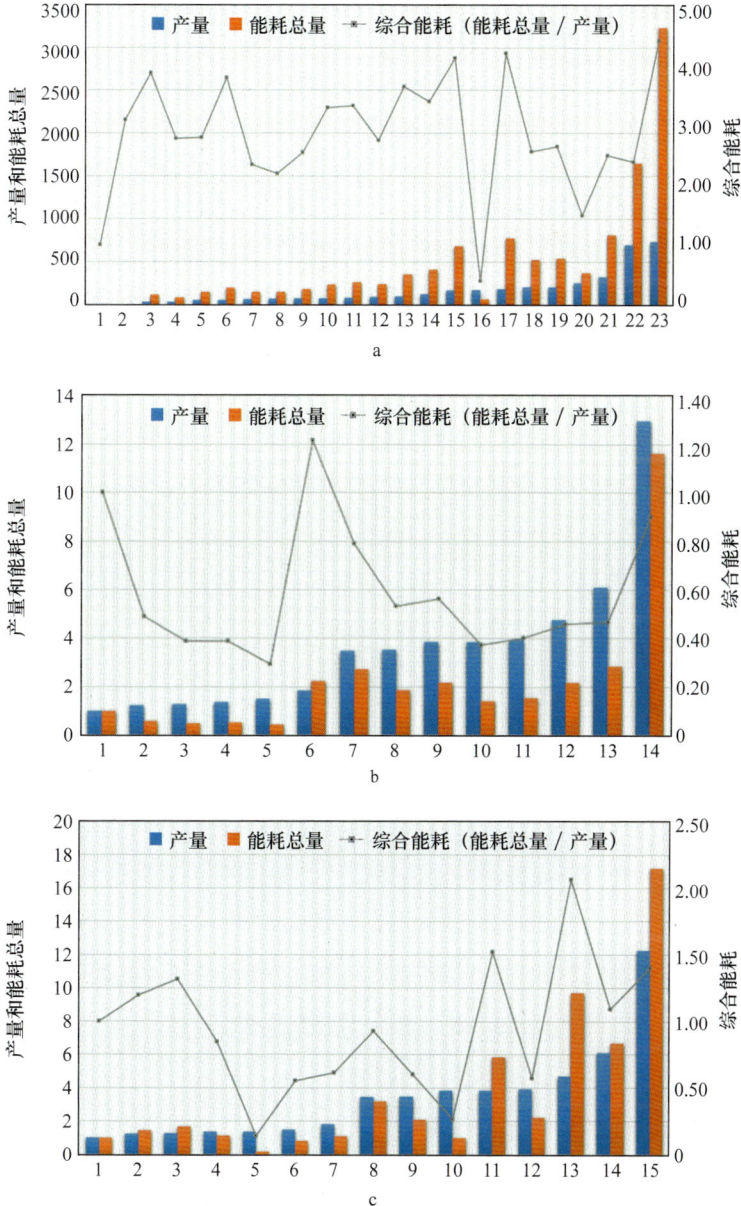

图 2-5-5　电炉炼钢工艺能耗及能效 ❶

a—电炉炼钢-冶炼工序；b—电炉炼钢-精炼工序；c—电炉炼钢-连铸工序；

❶　数据均经归一化处理，假设样本 1 的各参数数值为 1，其他样本各参数数值均表示为样本 1 相应参数数值的倍数。

目前模型已实现功能如下：

（1）数据年份：2020 年；

（2）涵盖样本数量：141 个；

（3）钢铁企业分工序：高炉炼铁、转炉炼钢、电炉炼钢；

（4）涵盖各工序消耗的能源品种：包括洗精煤、烟煤、无烟煤、天然气、柴油、焦炭、电力、热力以及焦炉煤气、高炉煤气、转炉煤气；

（5）模型计算各样本能耗总量、能源强度及能源结构分析；

（6）模型计算各样本碳排放总量、碳强度水平及碳排放结构分析。

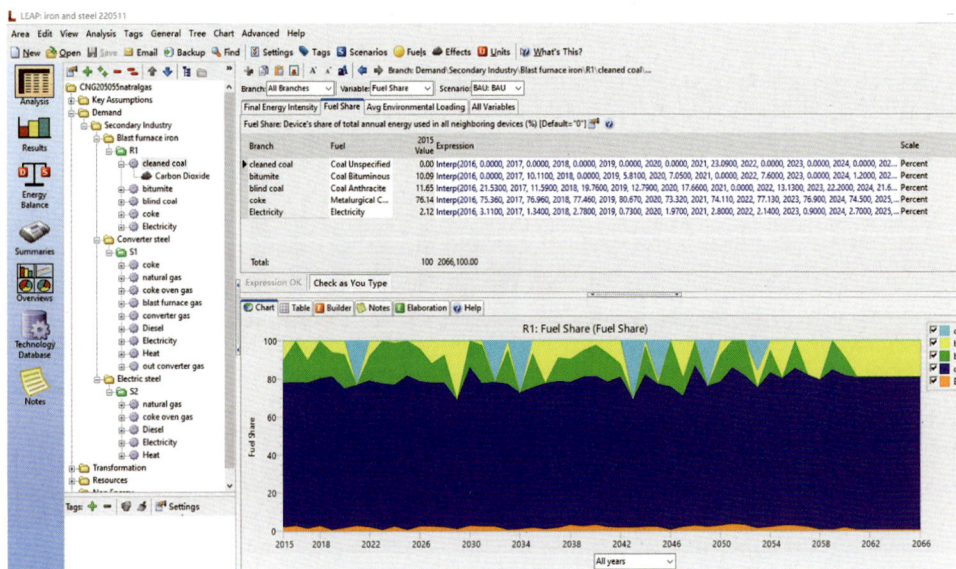

图 2-5-6　LEAP 模型架构页面

（六）政策建议

采用分步走方式，在准确核算钢铁企业碳排放的基础上，行业管理逐步精细化。中近期，服务 ETS，钢铁行业"十四五"后进 ETS，实实在在可以做工作；聚焦到 ETS 难点问题。中远期，扩大双碳规划，纳入进来，未来到地方政府、行业，企业层级。

1. 中近期以改善国家碳市场钢铁行业碳排放核算方法学为工作重点

（1）明确定义、减少歧义。主要包括对钢铁企业、排放源、工序均进行明确定义。

（2）核算统一、扩大适用。借鉴 EU ETS 按各工序分别计算排放量的做法，参考上海市、广东省对于分工序核算的考虑要求，建议可以考虑在修订指南时规定工序化石燃料燃烧排放、碳输入输出排放（如涉及）、净购入使用电力和热力排放的一般计算方法；配额分配方案考虑采用分工序的计算方法，各工序均应用指南计算方法即可。这样，可以实现核算指南具备通用性和简洁性，与钢铁企业流程长短、纳入什么工序无关，实现"半脱钩"。

2. 钢铁生产行业碳排放核算方法学改进中要关注欧盟碳边境调节机制核算方法学的影响

基于 CBAM 核算方法的特点，我国钢铁企业应尽早夯实数据基础，重视碳数据管理，特别是原材料的全生命周期碳足迹管理体系和分设施、分工序的排放量核算体系。钢铁作为原料端，即使不直接对欧盟进行出口，也可能需要向下游用户提供碳数据，为了进一步应对全球进口商的需求，需将碳排放数据披露和全生命周期评价常态化。此外，在碳排放核算标准制定方面，也应适时制定钢铁生产工序、钢铁产品生命周期碳足迹等方面的标准和核算体系。

3. 加强钢铁企业能力建设

钢铁企业可基于 LEAP 模型，开发基于工序层级的静态和动态运用场景。一方面可以通过模型动态化，获取多年份样本数据，分析钢铁行业产能、能耗及碳排放总体趋势；另一方面可以以目前模型作为基础，通过多情景分析，结合国家总体能效约束、产业升级等相关政策，描绘中长期钢铁企业碳达峰及碳中和路线图。

四、研究展望

后续研究工作可在以下几个方面进行：对基于 LEAP 的钢铁碳排放核算仿真模型进行改进，关键技术细化。从行业层面，考虑碳价因素影响关键技术选择对钢铁行业碳中和路径的影响。

五、专题组成员

专题研究组主要成员名单见表 2-5-1。

表 2-5-1 专题研究组主要成员名单

序　号	姓　名	技术职称 / 职务	工作单位
1	周　剑	副教授	清华大学能源环境经济研究所
2	周玲玲	博士后	清华大学能源环境经济研究所
3	张　杰	高级工程师 / 部长	中环联合认证中心
4	石隽隽	工程师 / 室主任	中环联合认证中心

第六章
钢铁行业低碳发展的国际趋势和各国政策借鉴

一、研究背景

自 1996 年起，中国成为世界上最大的粗钢生产国。过去 20 年，中国钢铁产量增长迅速，成为了世界钢铁产量增长的主要来源，2021 年，中国钢铁产量达到世界钢铁总产量的 53%，而 1990 年这个数据只有 9%。中国钢铁产量剧增支撑了中国快速工业化、大规模城镇化和制造业产品的大量出口。目前，钢铁行业是中国四大高耗能、高碳排放的行业之一。因此，中国钢铁产业低碳发展的战略、目标、路径将很大程度上影响中国及世界碳达峰和碳中和目标的实现。

从发展阶段上看，欧、美、日等发达国家和经济体的工业化和城镇化过程已经完成，基础设施大量建设、钢铁需求旺盛的阶段已经过去，钢铁供需呈现稳中有降的态势，这些国家积极采取新的技术路线、有力的管控措施促进钢铁产业的低碳发展。

因此，对欧、美、日等发达国家和经济体钢铁产业的低碳发展经验，尤其是低碳技术、工艺、发展战略、政策措施等进行对比分析对推进中国钢铁行业低碳发展具有重要借鉴意义。基于以上考虑，本研究对钢铁行业低碳发展的国际趋势进行了比较，并重点围绕世界第二大钢铁产销集团——欧盟进行分析，对其推进钢铁产业低碳发展的技术和相关政策工具进行了系统梳理，以期为我国钢铁行业低碳发展提供政策借鉴。

二、研究方法

本章主要采用了文献与政策文本分析、行业大数据挖掘和整理、典型企业技术路径案例研究、产业专家调研访谈等方式进行研究。

在研究中，利用了欧盟和中国钢铁工业协会官方统计数据库，重点分析了自2000 年以来，欧盟等国钢铁产量、耗能、技术路线、碳排放、新技术开发与推广、政策措施等，并与中国钢铁产业情况进行了系统比较分析，得出了系列发现并提出了几点政策建议。研究工作的流程和技术路线如图 2-6-1 所示。

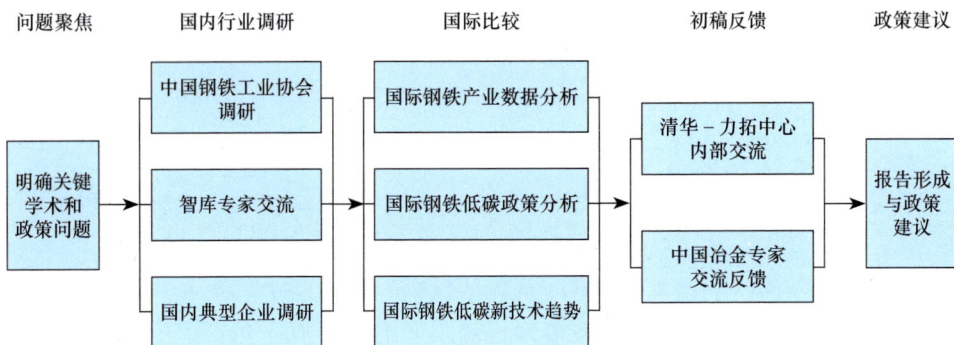

问题聚焦	国内行业调研	国际比较	初稿反馈	政策建议

```
明确关键        中国钢铁工业协会        国际钢铁产业数据分析        清华-力拓中心        报告形成
学术和           调研                                             内部交流           与政策
政策问题        智库专家交流            国际钢铁低碳政策分析                            建议
                 国内典型企业调研        国际钢铁低碳新技术趋势      中国冶金专家
                                                                 交流反馈
```

图 2-6-1 研究技术路线图

三、主要发现和政策建议

（一）主要发现

1. 中国是全球钢铁产量增长的主要贡献者，钢铁产量超过全球一半

全球粗钢产量在 1990—2021 年期间，特别是从 2000 年以后实现了快速增长。其中中国粗钢产量增速最快，从 1996 年起中国成为世界上最大粗钢生产国并且一直保持到现在，中国钢铁产量增加构成了过去 20 年世界钢铁产量增加的主要部分。中国粗钢产量在 2017 年开始达到了全球粗钢生产的半数以上，2021 年达到 53%。作为第二大产钢集团——欧盟的粗钢产量在此期间总体上呈现下降趋势，美国和日本粗钢产量自 2000 年来变化不大，值得关注的是，近年来印度的粗钢产量快速增长，已经超过美、日成为仅次于欧盟的产钢国家，2021 年印度钢产量达到 1.18 亿吨。

过去 20 年，中国钢铁产量大幅增加主要是与中国快速工业化、大规模城镇化和迅速融入全球经济大循环有关。1990年，中国的城镇化率只有26%，2020年则提升了63%以上，城镇化率已经超过了世界平均水平。1990年，我国城镇人口只有3亿，而2020年城镇人口则超过9亿，30年内6亿农民进城。同时，中国也迅速成为全世界制造业产值最大、货物出口最多的国家。快速的城镇化、工业化以及国际化都需要巨大的钢铁产能来支撑。

2. 中国钢铁产量中氧气转炉炼钢法的占比相对最高，电炉炼钢占比较小

全球粗钢生产工艺主要是采用氧气转炉炼钢法，利用该法的粗钢产量达到了全球总产量的60%以上；其次是电炉炼钢法。世界范围内，中国采用氧气转炉炼钢法生产钢铁产量占总产量的比例最高，达到90%，而世界范围内转炉炼钢比例只有73%，美国、印度电炉炼钢都超过转炉炼钢比例；欧盟转炉炼钢只占57.6%，日本转炉炼钢占比74.6%。

转炉炼钢虽然规模效益明显，但是流程长、碳排放强度大，中国转炉炼钢比例过高是中国单位钢铁产量碳排放相对较高的主要原因。转炉炼钢这种工艺流程的大量使用与中国废钢供给不足、钢铁供需产量巨大以及中国钢铁产业生态和技术依赖有紧密关联。

全球主要国家钢铁工艺流程结构对比如图2-6-2所示。

3. 中国钢铁消费以国内消费为主，欧盟钢铁产品的进出口规模较大

不管是基于粗钢折合量还是成品钢材衡量的钢铁消费，中国都是世界上最大的钢铁消费国，其钢铁消费已达到全球总消费的半数以上。2021年，中国进口钢材2700万吨，出口钢材6600万吨。相对于巨大的钢铁产量，中国钢铁进出口比例均很小，可以说，中国钢铁生产主要供应本国需求。从各国钢铁产品进出口状况来看，不管是进口量还是出口量，欧盟均排第一。

4. 近年来欧盟钢铁总能耗、总碳排放和中国钢铁能耗强度、碳强度持续下降，欧盟钢铁能耗强度和碳强度明显低于中国

过去20年，欧盟钢铁生产的能源消费量总体上呈现下降趋势。其中，德国钢铁生产的能源消费在欧盟各国中是最多的，这与德国是欧盟最大钢铁生产国有关。从欧盟内各国来看，2000年以来欧盟各国钢铁生产的能源消费量都呈下降趋势（见图2-6-3）。

2014年以来，中国钢铁产量不断增加，能源消费总量呈现稳中有降和再度

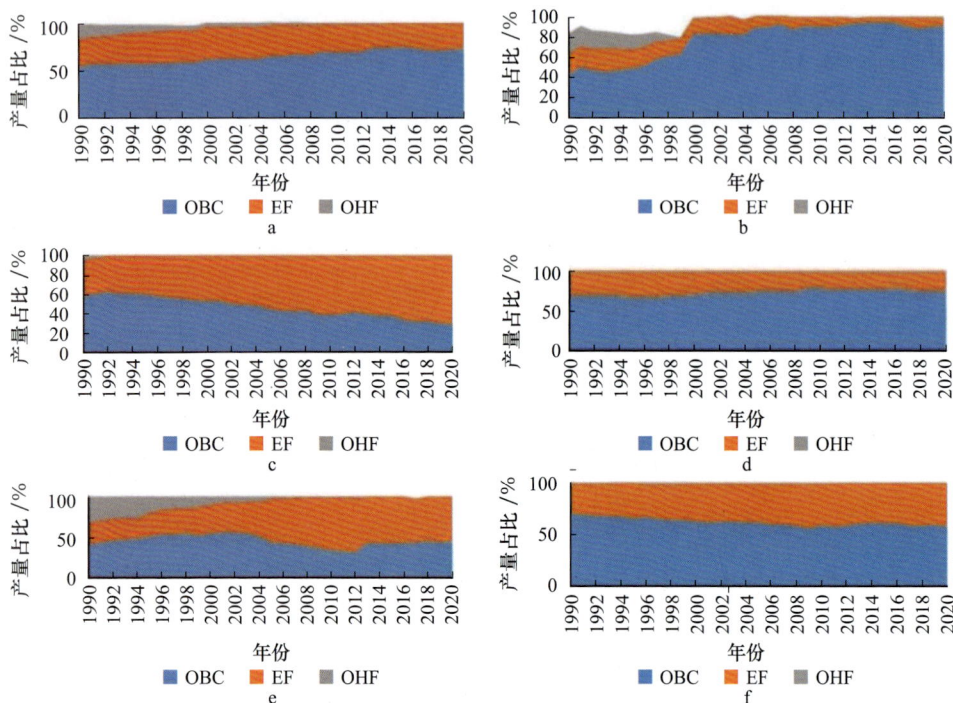

图 2-6-2　全球主要国家钢铁工艺流程结构对比

（OBC：oxygen-blown converter，氧气转炉炼钢法；EF：electric furnace，电炉炼钢法；
OHF：open hearth furnace，平炉炼钢法）

a—全球粗钢生产工艺流程；b—中国粗钢生产工艺流程；c—美国粗钢生产工艺流程；
d—日本粗钢生产工艺流程；e—印度粗钢生产工艺流程；f—欧盟粗钢生产工艺流程

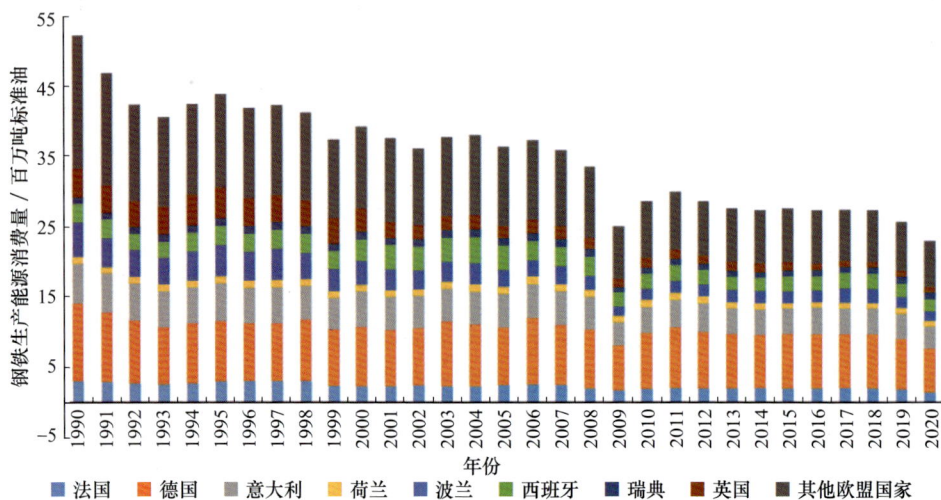

图 2-6-3　欧盟各国钢铁能源消费总量

反弹态势。从能源强度来看，中国钢铁行业能源强度持续大幅下降，从 2000 年的 1.60t（标煤)/t 钢下降到 2019 年的 0.66t（标煤)/t 钢，取得了非常大的进步。但与欧盟相比，中国钢铁产业能源强度仍然过高，目前约等于欧盟平均水平（0.23t（标煤)/t 钢）的 3 倍（见图 2-6-4 和图 2-6-5）。

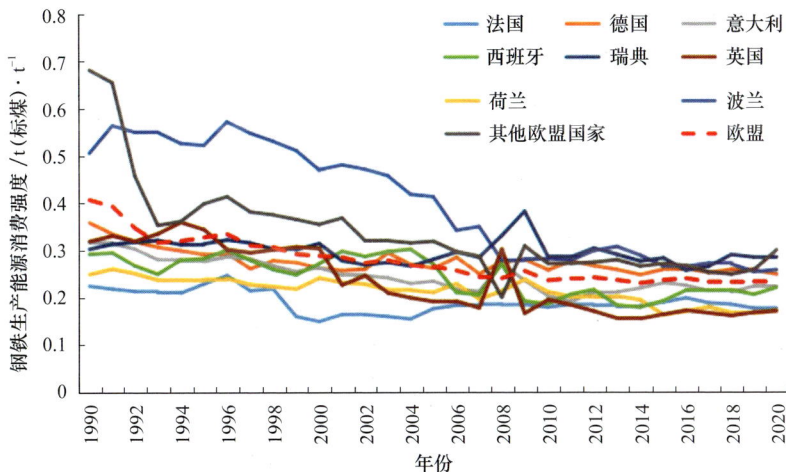

图 2-6-4　欧盟各国钢铁生产的能源强度

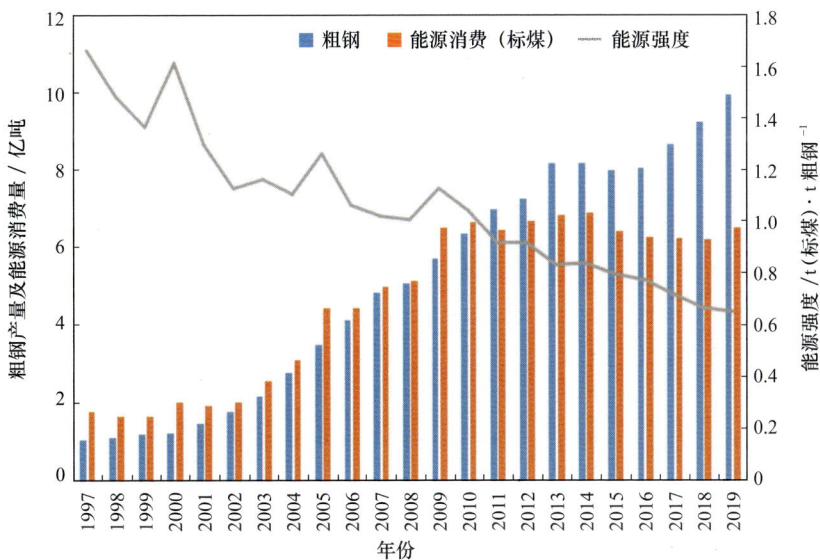

图 2-6-5　中国钢铁生产的能耗总量及能源强度

从钢铁行业碳排放结果显示，中国钢铁行业碳排放量自 2000 年以来快速增长，但是自 2014 年以来，中国钢铁行业碳排放总量趋于稳定，主要原因是中国钢铁行业碳排放强度快速下降，从 1997 年的吨钢排放 3.11t 二氧化碳下降到 2019 年的 1.86t 二氧化碳。但是，与欧盟 0.725t 二氧化碳的排放强度系数相比，中国钢铁行业碳强度还是太高，是欧盟的 2.56 倍，这说明中国钢铁行业低碳发展还有很大的进步空间（见图 2-6-6 和图 2-6-7）。

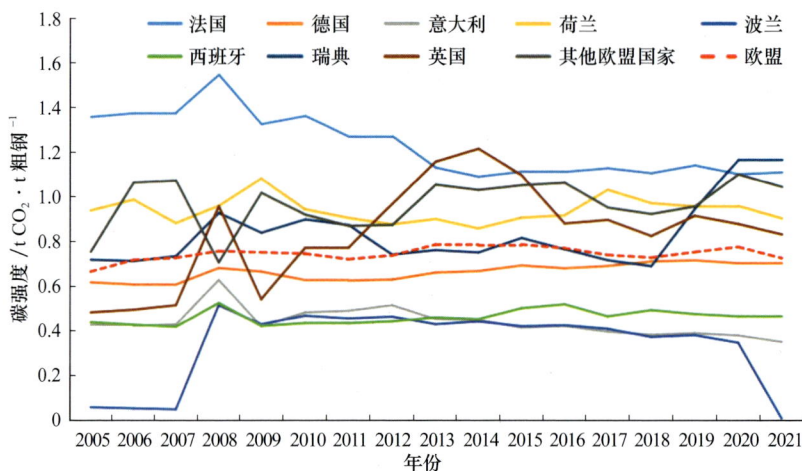

图 2-6-6　欧盟各国钢铁产业的碳排放强度

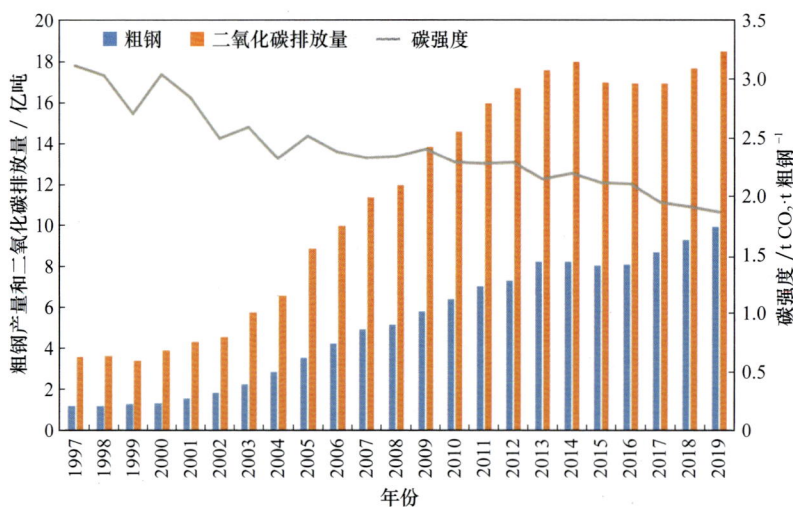

图 2-6-7　中国钢铁产业的碳排放量及排放强度

5. 欧盟钢铁行业低碳政策及技术创新趋势

欧盟针对钢铁行业低碳发展的政策主要可以分为碳减排约束性政策、促进技术创新政策、金融支持政策等几个方面。

在控制碳排放约束性政策方面,欧盟通过了碳边界调节机制(CBAM)议案,这是一个将对进口商品内含的碳排放征收关税的政策,并将钢铁等 5 个行业纳入到首批实施行业中,从而减少碳泄漏。另外,欧盟近年通过了《碳排放交易体系国家援助指南》,希望阻止部分碳排放量较高的欧盟企业将生产转移至气候排放目标有限的国家来规避欧盟政策的行为。

为了平衡绿色钢铁产品(绿钢)的成本劣势,欧盟采取为供给端定价(例如 CCFD,即碳差价合约)和需求端市场创造(例如,碳标签)等两种方式,促进欧盟"绿钢"的生产成本能与传统钢铁的生产成本竞争,从而有效保障了低碳技术的投资回报。

在促进技术创新和推广方面,欧盟特别强调最佳可用技术的推广(BAT),以及在智慧碳使用(例如 CCS、CCU 技术的使用)和碳直接规避(例如,使用清洁能源替代)两个方面促进技术升级。除了推动"绿氢"炼钢之外,欧盟还大力推动直接还原炼铁-炼钢技术(DRI)的推广使用,并大力提倡钢铁生产向电气化转型,呼吁更多企业使用电弧炉法进行钢铁生产,提高废钢在钢铁生产中的使用比例,缩短流程、减少碳排放。此外,欧盟还加大对碳减排突破性技术的投资,促进整个行业技术水平的提高。

另外,在大力推动绿色金融发展、充分利用碳市场促进减排方面,欧盟也是走在世界的前面,其体制机制及实践经验值得借鉴。

欧盟碳市场(EU ETS)是世界上发展最早、最成熟、碳交易规模最大的引领者。早在 2005 年成立之初,EU ETS 就把钢铁、水泥等高排放行业纳入覆盖范围。EU ETS 严格执行总量控制交易原则(Cap and Trade),其覆盖的碳排放配额总量约占欧盟碳排放总量的 40%。目前,EU ETS 已经进入发展的第四阶段,这一阶段,欧盟要求每年配额总量减少 2.2%。同时,将为工业部门和电力部门建立低碳融资基金。

尤其值得借鉴的是,EU ETS 实行严格的监测与考核制度,要求企业每年必须经过独立的、经认证的核查机构按照完整性、一致性、可比性、透明性、准确性的原则进行全面核查，欧盟要求各成员国根据第三方核查报告对企业进行年度考核，超额排放的企业将受到每吨 100 欧元的处罚，而要求违约企业在下年度补足本年度超量的碳排放配额。

（二）政策建议

基于以上分析，本研究对推进我国钢铁产业低碳发展提出以下政策建议。

（1）钢铁生产工艺需要结构性调整。大力发展短流程直接还原炼铁－炼钢技术，要逐渐从高炉－转炉炼钢法生产向直接还原法转变。而且要重视从高炉转炉炼钢向废钢电弧炉炼钢转变，提高钢铁电气化率。加大废钢回收力度，提高废钢利用率。

（2）新技术开发利用。加大钢铁低碳技术研发投入，加快突破性技术的发展。加大钢铁低碳生产中最佳可用技术的推广使用，尽可能在生产中所有流程减少对环境的影响，大力淘汰落后产能。推动清洁能源发展，特别是大力发展绿色氢能。

（3）发挥低碳政策的协同效应。通过财政补贴，排放许可证配给等方式影响绿色钢铁生产的成本，改变其成本劣势，提升"绿钢"的生产比例。完善碳市场运行的体制机制，充分发挥现有碳市场发现价格、促进交易、推动技术创新的作用。大力推进全国绿色金融体系的构建，对钢铁行业的绿色转型和技术突破提供资金支持。

（4）制定灵活的碳调节机制。对从国外进口以及国内高碳钢铁产品征收碳调节税，减少碳泄漏。

四、研究展望及下一步工作

（1）分析俄乌战争对欧盟及全球钢铁行业脱碳目标、行为和战略的影响。

（2）继续分析欧、美、日等国家和经济体钢铁行业碳中和政策实施效果及未来政策的动向。例如，碳边界调节机制（CBAM）实施效果、碳交易市场运行效果等。

（3）继续跟踪分析欧、美、日国家和经济体钢铁行业脱碳新技术及其产业化现状。

五、专题组成员

专题研究组主要成员名单见表2-6-1。

表 2-6-1　专题研究组主要成员名单

序　号	姓　名	技术职称 / 职务	工作单位
1	吴金希	教　授	清华大学社会科学学院经济学研究所
2	李　军	博　士	西南财经大学
3	白　旭	博士后	清华大学社会科学学院经济学研究所
4	葛　诺	博士生	清华大学社会科学学院经济学研究所
5	吴永涛	博士生	清华大学社会科学学院经济学研究所

第七章
在线检测技术在钢铁生产中的节能减排潜力研究

一、研究背景

钢铁行业是碳排放最大的行业之一，绿色低碳发展将是钢铁行业未来必须持续推进的重点任务。一些重要政策指导文件如《关于促进钢铁工业高质量发展的指导意见》和《钢铁行业碳达峰实施方案》等出台后，要求钢铁行业高质量发展，向绿色低碳转型。"双碳"背景下，钢铁行业供给侧结构性改革不论是"产能产量双控"还是"碳排放总量和强度双控"，核心均在于节能和减碳，预计行业将迎来新一轮结构优化。

随着我国钢铁业进入高质量发展新阶段，提出了规模化定制、提升产品品质、节能减排降碳等需求，跨工序全流程视角的智能化十分必要。钢铁生产由高温状态紧密关联的炼铁、炼钢、轧钢多工序组成，目前流程连续化程度不高，规模化定制生产模式实施难度大，在线检测技术可实现原料品质、中间产物和最终产品品质的快速在线检测，从而为各个环节的优化控制提供实时元素成分信息，进一步为多环节的一体化计划调度，跨工序动态协同，全流程有序运行提供技术支撑。

目前已有的在线检测技术，包括中子活化 γ 射线分析（PGNAA）、激光诱导击穿光谱（LIBS）、红外光谱（IR）、X 射线荧光光谱（XRF）、可调谐激光吸收光谱（TDLAS）、拉曼光谱（RS）、高光谱成像技术（HSI）、超声波探伤技术等，由于各种技术采用的检测原理不同，其检测指标、设备系统、环境适应性等各不相同，而且各技术的发展成熟度不同，有的技术虽然有工业试点应用，但环境安全性、检测可靠性还没有统一的评价标准，特别是在"碳达峰、碳中和"的目标导向下，尚未对各种在线减排技术的减碳潜力进行评估。需按照实际应用场景和检测需求，对各种检测技术的检测性能、节能减排潜力进行系统性评估，才能指导最佳配置方案的制定。

二、研究方法

基于钢铁冶炼的生产流程，了解各工序的检测技术现状，评估各个环节的减碳潜力。综述现有各在线检测技术的基本原理、技术特点、系统设备成本等信息，评估各种在线检测技术在钢铁行业的节能减排潜力。根据各环节检测需求，匹配在线检测技术，提出钢铁行业各在线检测技术的配置方案建议。在线检测技术在钢铁生产中的节能减排潜力研究框架，如图 2-7-1 所示。

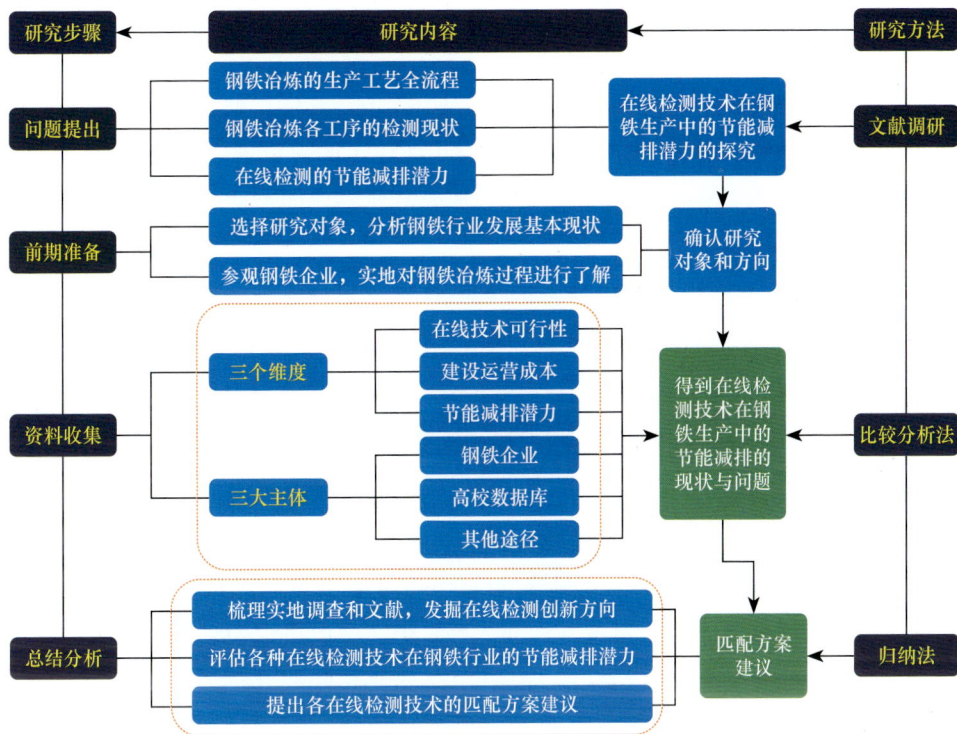

图 2-7-1　在线检测技术在钢铁生产中的节能减排潜力研究框架

首先，通过文献综述，了解钢铁行业的主要工艺流程，各工序的主要目标和关键技术指标，通过专业书籍、技术资料，理解各种在线检测技术的基本原理、系统设备部件、技术优势及缺陷等，例如红外光谱、拉曼光谱、XRF、LIBS、TDLAS、PGNAA 等相关检测技术的基本原理、系统构成、功能特性、测量指标、样品及环境适应性、优势及不足、成本、使用寿命等信息；其次，通过实地调研，踏勘钢铁生产全生命流程，实地观察各检测场景的目标参数和布置环境，重点关注在线监测系统现场布置的限制条件；进一步，通过专家访谈、专题研讨等方式，明确各工序中检测的目标参数，评估各种在线检测技术的节能减排潜力，提出特定应用场景下的在线检测配置建议；最后，通过对检测技术原理、特点、适用场景及成本等方面进行归纳分析，进而考虑应用到各个工艺流程的在线检测可行性、经济效益、仪器成本、组装难度，从而得到最优的匹配方案。

三、主要发现和政策建议

钢铁行业生产流程主要包括采矿、烧结、焦化、炼铁、炼钢、轧钢和相应的铁合金、耐火材料、碳素制品等多个生产部门构成的庞大工业体系。钢铁行业的特点是产业规模大、生产工艺流程长，从矿石开采到产品的最终加工，需要经过很多生产工序。

目前应用于钢铁生产中新兴的成分检测技术（如行业内试点运行，或正在探索开发）主要有 X 射线衍射（XRD），红外碳硫分析方法，ICP 光谱法，X 射线荧光分析。一些重要的工艺流程，如烧结等，大部分钢铁企业主要采用人工取样化验的方法来检测烧结矿成分，并以化验结果为依据来对现场生产进行调整，其存在的问题主要有：（1）人为因素大，其生产管理、操作习惯、随机性等影响着原料的取样制样，检测结果存在一定的偏差；（2）样品代表性差，成分检验只能代表部分样品，不能反映全部原料成分；（3）检测时间长，从配料到实验室分析烧结矿成分的烧结工艺流程需要 4～5h，导致烧结的质量长期受配料调整严重滞后的影响。离线分析需要生产现场人工采样，送到实验室分析，操作繁琐、费时费力、返矿比高、能耗损失大。生产过程中的在线检测及分析可以达到实时了解、监控、优化生产过程，保证产品质量的目的。根据钢铁行业生产工艺在线检测需求，一些在线检测技术匹配建议，如图 2-7-2 和图 2-7-3 所示。

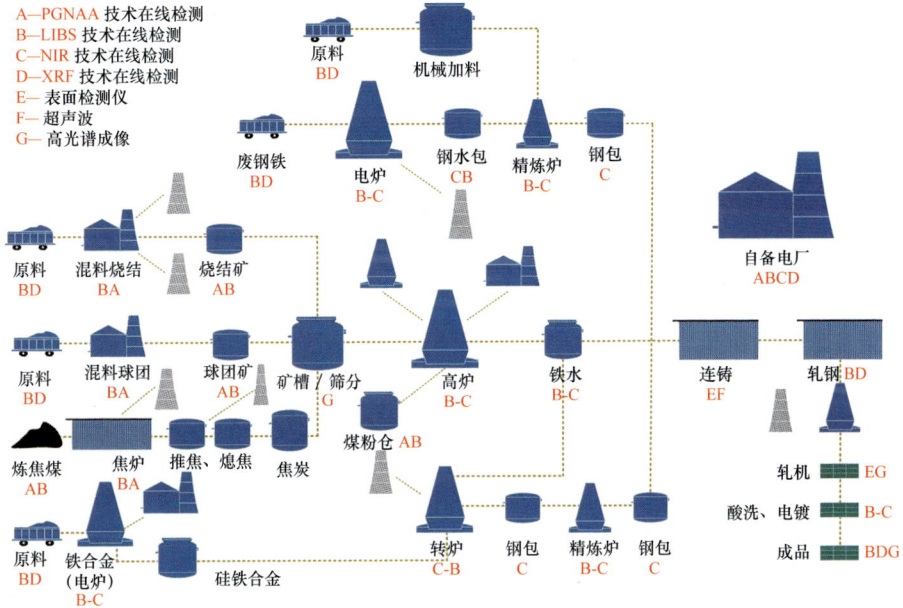

A—PGNAA 技术在线检测
B—LIBS 技术在线检测
C—NIR 技术在线检测
D—XRF 技术在线检测
E— 表面检测仪
F— 超声波
G— 高光谱成像

原料 BD ｜ 机械加料

废钢铁 BD ｜ 电炉 B-C ｜ 钢水包 CB ｜ 精炼炉 B-C ｜ 钢包 C

原料 BD ｜ 混料烧结 BA ｜ 烧结矿 AB ｜ 自备电厂 ABCD

原料 BD ｜ 混料球团 BA ｜ 球团矿 AB ｜ 矿槽 / 筛分 G ｜ 高炉 B-C ｜ 铁水 B-C ｜ 连铸 EF ｜ 轧钢 BD

炼焦煤 AB ｜ 焦炉 BA ｜ 推焦、熄焦 ｜ 焦炭 ｜ 煤粉仓 AB ｜ 轧机 EG

酸洗、电镀 B-C

原料 BD ｜ 铁合金（电炉）B-C ｜ 硅铁合金 ｜ 转炉 C-B ｜ 钢包 C ｜ 精炼炉 B-C ｜ 钢包 C ｜ 成品 BDG

图 2-7-2　钢铁冶炼工艺流程在线匹配检测技术匹配建议

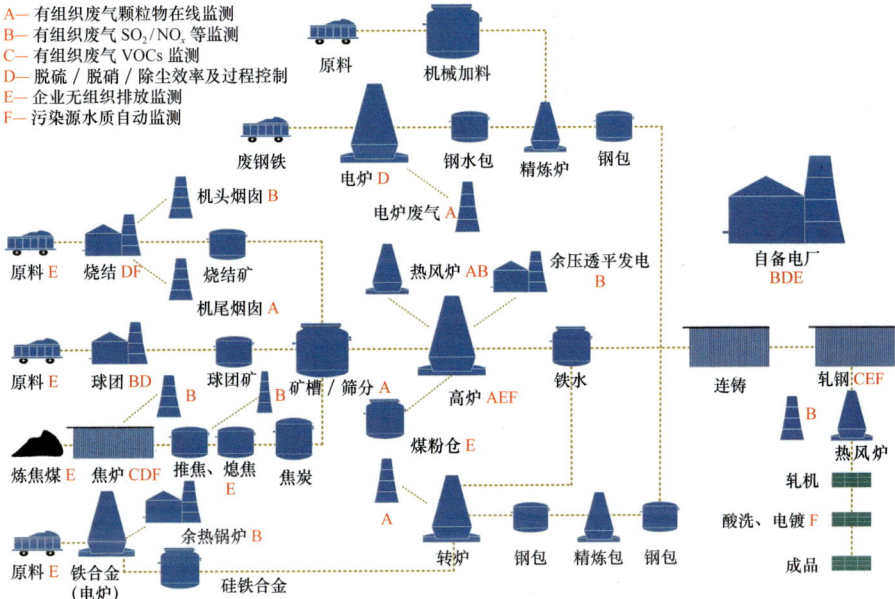

A— 有组织废气颗粒物在线监测
B— 有组织废气 SO_2/NO_x 等监测
C— 有组织废气 VOCs 监测
D— 脱硫 / 脱硝 / 除尘效率及过程控制
E— 企业无组织排放监测
F— 污染源水质自动监测

原料 ｜ 机械加料

废钢铁 ｜ 电炉 D ｜ 钢水包 ｜ 精炼炉 ｜ 钢包

机头烟囱 B ｜ 电炉废气 A

原料 E ｜ 烧结 DF ｜ 烧结矿 ｜ 热风炉 AB ｜ 余压透平发电 B ｜ 自备电厂 BDE

机尾烟囱 A

原料 E ｜ 球团 BD ｜ 球团矿 B ｜ 矿槽 / 筛分 A ｜ 高炉 AEF ｜ 铁水 ｜ 连铸 ｜ 轧钢 CEF

煤粉仓 E

炼焦煤 E ｜ 焦炉 CDF ｜ 推焦、熄焦 ｜ 焦炭 ｜ 热风炉 ｜ 轧机

余热锅炉 B ｜ 酸洗、电镀 F

原料 E ｜ 铁合金（电炉）｜ 硅铁合金 ｜ 转炉 A ｜ 钢包 ｜ 精炼包 ｜ 钢包 ｜ 成品

图 2-7-3　钢铁冶炼废水和大气污染物在线检测匹配建议

在线检测技术匹配建议主要分为以下 5 个方面：

（1）原料检测。通过一系列的检测手段，将所取的材料试验数据与材料质量标准相比较，借以分析材料质量的可靠性，判断能否使用。

1）含铁原料质量在线监测。基于在线成分检测的质量监测，适用于含铁原料（铁矿粉、块矿、球团矿）采购，消除含铁原料取样、制样环节人为因素对原料入厂成分检测的影响。精料技术水平对炼铁指标的影响占 70%，高炉操作占 10%，现代管理水平占 10%，设备作业占 5%，外界因素（动力、供应、上下工序等）占 5%。因此，降低炼铁燃料比的重点是要坚持精料方针，努力提高入炉含铁品位。

2）煤粉质量在线监测。基于在线成分检测的质量监测（水分、灰分、硫分、发热值、灰成分）。

3）焦炭质量在线监测。基于在线成分检测的质量监测（水分、灰分、硫分、发热值、灰成分）。

（2）烧结－球团检测。烧结－球团矿是高炉的原料，一般情况下从矿山运来的矿粉是不能直接放入高炉的，因为矿粉的透气性很差，容易导致高炉崩料，而烧结矿的粒度较大，而且强度也比较大，所以可以保证高炉的顺行。烧结－球团检测是钢铁生产工艺中的一个重要环节，它是将铁矿粉、粉（无烟煤）和石灰等原料按一定配比混匀。

1）混匀料场智能配料。基于在线成分检测的智能配料，适用于混匀料场，提高混匀矿 Fe、SiO_2 稳定率。

2）烧结智能配料。基于在线成分检测的智能配料，适用于烧结车间，提高烧结矿碱度 R 稳定率。

3）球团智能配料。基于在线成分检测的智能配料，适用于球团车间，提高球团矿 Fe、SiO_2 稳定率。

4）焦化智能配料。基于在线成分检测的智能配料，适用于焦化车间，提高煤粉成分稳定率。

5）烧结－球团矿质量在线监测。基于在线成分检测的质量监测，适用于成品烧结矿质量监测。

（3）高炉检测。高炉炼铁是现代炼铁的主要方法，钢铁生产中的重要环节。炼铁工艺是将含铁原料（烧结矿、球团矿或铁矿）、燃料（焦炭、煤粉等）及其他辅助原料（石灰石、白云石、锰矿等）按一定比例自高炉炉顶装入高炉，并由热风炉在高炉下部沿炉周的风口向高炉内鼓入热风助焦炭燃烧（有的高炉也喷吹煤粉、重油、天然气等辅助燃料），在高温下焦炭中的碳同鼓入空气中的氧燃烧生成一氧化碳和氢气。

1）喷煤智能配料。基于在线成分检测的智能配料，适用于喷煤车间，提高煤粉成分稳定率。

2）高炉智能配料。基于在线成分检测的智能配料，适用于高炉车间，提高高炉炉渣碱度稳定率。

3）高炉铁水质量信息在线检测。高炉铁水信息包括铁水温度和铁水成分（硅、磷、硫、锰等），是表征产品质量、能耗水平及炉温状态的重要参数。

（4）钢铁产品检测。钢铁产品检测主要是检测产品的物理特性和化学成分是否满足质量要求，降低出厂的劣品率。

1）连铸缺陷。如表面裂痕、氧化铁皮、疤痕、振纹。铸坯表面质量检测，包括角裂、横裂、纵裂、星裂，采用图像检测方式，利用摄像技术代替人工目测，利用计算机代替人工进行智能识别；内部质量检测，包括内裂纹、中心疏松、缩孔和偏析。

① 超声波探伤，当超声波达到有缺陷的金属时，缺陷处穿过超声波的能力与金属基体明显不同，在缺陷处的超声波会反射回来，在缺陷的另一面，由于不能穿过超声波，会产生相应的"声影"。

② 射线探伤，如 X 射线、γ 射线和中子射线等，不同物质对相同能量的射线具有不同的吸收能力，当射线穿过铸坯时，在铸坯有缺陷部位的投影上，显示出不同的射线强度，以此来判断铸坯中缺陷的形状及位置。

2）轧钢在线检测。中厚板轧机（检测需求：残余应力）、热轧带钢轧机（检测需求：铁素体相变）、冷轧机（检测需求：硬度、表面粗糙度、r 值）、不锈钢板（晶粒尺寸）、电工钢板（晶粒尺寸、铁损）、镀锌钢板（镀层成分）。

（5）污染物检测。钢铁行业一直是我国污染物主要排放源之一，钢铁冶炼工艺涉及废气、废水和废渣三类污染物，主要是水污染、气体和废渣污染检测，对重金属、石油类及有害气体等分析对象进行实时监控。

铁矿粉是钢铁企业生产的基本原料，是整个钢铁行业生产过程的基础，因此控制好铁矿粉的品位显得尤为重要。目前对于铁矿粉的检测主要有两种方法，其分别是传统的化学滴定法与 XRF 检测法，化学滴定法的检测时间周期长，实验方法复杂且对化验操作者操作水平要求较高，对于钢铁厂现场对铁矿粉品位的快速判断要求相对会有延迟；XRF 对标样的依赖性很强，试样的颗粒度、组成、结构差异等均会对分析结果产生很大影响，对轻元素难以精确检测。

烧结矿含铁品位下降 1%，高炉焦比上升 2%，产量下降 3%；烧结矿的 FeO 变动 1%，影响高炉焦比 1%～5%，影响产量 1%～5%；FeO 同时影响烧结矿的还原性和软熔性能；烧结的碱度在 1.2 以下，每变动 0.10，影响高炉焦比和产量 3%～3.5%；烧结矿的强度对高炉冶炼也有一定的影响，强度不够时，容易破碎成粒度小于 5mm 的粉矿，而粉矿含量变动 1%，影响高炉焦比 0.5%，影响高炉产量 0.5%～1.0%；烧结矿的低温还原强度每提高 5%，煤气中的 CO 的利用率降低 0.5%，产量下降 1.5%，焦比上升 1.6%，因此烧结矿的品质检测十分重要。

目前，高炉冶炼铁水的成分检测主要是通过人工取样—冷却—制样等一系列过程，然后送到实验室进行 X 射线荧光光谱分析，需要 20～100min 检出结果，不能实时指导生产过程，极大地影响了生产效率，同时造成了能源浪费。

因此，对矿石品位、烧结矿和高炉冶炼铁水的原位在线快速检测是钢铁企业亟需解决的关键问题。如图 2-7-4 所示，建议近期开展的主要工作有：（1）含铁矿石检测，可用于原料、精细料和尾矿的含铁品位原位、在线快速分析；（2）烧结智能配料，基于在线成分检测的智能配料，适用于烧结车间，提高烧结矿碱度 R 稳定率等参数；（3）高炉铁水质量信息在线检测，对高炉铁水信息包括铁水温度和铁水成分（Si、P、S、Mn 等）实现在线测量，用于表征产品质量、能耗水平及炉温状态。建议尽快推进相关工程示范项目的实施。

四、研究展望

本专题通过了解炼铁、炼钢各工序涉及的处理流程、化学反应、检测技术现状等，深入分析关键技术指标和核心把控环节，从关键指标和核心环节出发，提取控制目标和检测需求，对应匹配的检测手段，更好的满足工序目标；根据钢铁

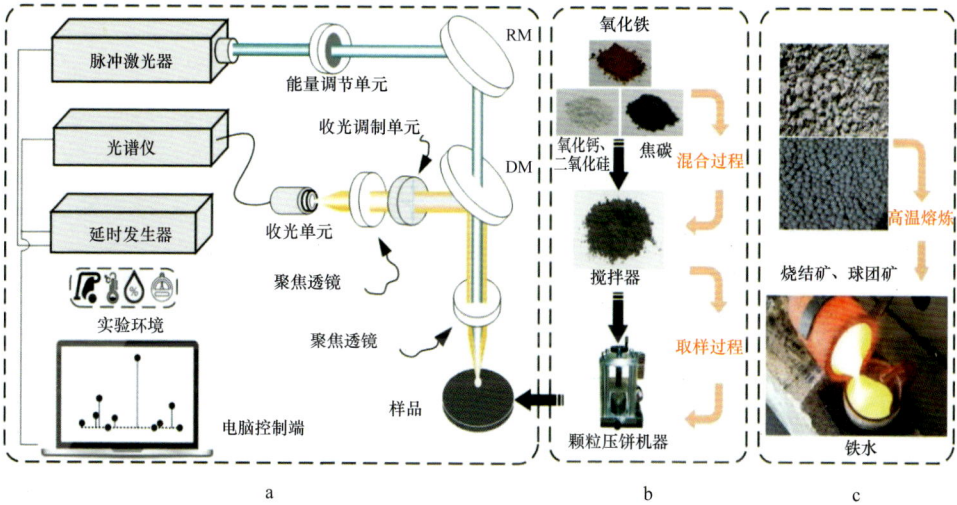

图 2-7-4 在线检测系统示意图

a—LIBS 系统；b—烧结、球团样品制备；c—铁水样品制备

生产工艺各工序的检测需求和各技术的特点，匹配工序中的应用场景，评估各种在线检测技术的节能减排潜力，提出了特定应用场景下的在线检测配置建议，为钢铁行业管理者或决策者提供参考。

随着工业科技水平的不断提高，各地区新一轮科技革命和产业变革已经在以超出想象的速度前行，新一轮"数字工业革命"正在推动尖端钢铁工业技术不断发展，与我国制造业转型升级形成历史性交汇。智能化可全面提升企业研发、生产、管理和服务水平，为钢铁企业的各生产单元提供降本增效、节能降耗的综合解决方案。未来钢铁行业在线检测技术趋于多种测量技术联用、人工智能技术和大数据，从而提升钢铁企业的数字化、网络化、智能化水平，促进实现新型钢铁行业生产方式。

五、专题组成员

专题研究组主要成员名单见表 2-7-1。

表 2-7-1　专题研究组主要成员名单

序　号	姓　名	技术职称 / 职务	工作单位
1	王　哲	长聘教授 / 系副主任	清华大学能源与动力工程系
2	侯宗余	助理研究员	清华大学能源与动力工程系
3	宋惟然	博士后	清华大学能源与动力工程系
4	赵上勇	博士后	清华大学能源与动力工程系
5	刘家岑	博士生	清华大学能源与动力工程系
6	顾炜伦	博士生	清华大学能源与动力工程系
7	宋玉洲	博士生	清华大学能源与动力工程系
8	姬建训	博士生	清华大学能源与动力工程系

第八章
储能关键有色金属碳中和路径研究

一、研究背景

随着可再生能源及分布式发电的发展，电力储能技术受到越来越多的关注。目前的储能方式主要包括抽水蓄能、氢储能、电池储能、压缩空气储能等。其中，电池储能由于具有能量密度高、响应速度快、环境适应性强等优点，近年来发展势头迅猛。同时，常用于储能电站的磷酸铁锂电池等锂离子电池在新能源汽车中也有广泛的应用。相比于传统工业产品，电池的制造需要诸多有色金属材料如锂、钴、镍等的支撑。可预见的是，未来伴随着可再生能源发电和新能源汽车的大规模普及，电池相关有色金属的供给和消费将会迎来井喷式增长。到2040年，电池领域消费中锂、钴和镍的需求量将会分别增长至2020年需求量的13～42倍、6～21倍和6～19倍。而相比于传统大宗消费金属（钢铁、铜、铝等），电池相关的有色金属原料产品的生产加工的单位能耗和碳排放较高。例如，生产1t碳酸锂和硫酸镍的排放量分别是生产1t钢铁的3倍和10倍。在碳中和目标的倒逼下，如何持续减少相关有色金属全产业链碳排放，既决定了全产业链的清洁程度，也关乎未来资源供应的成本竞争力和规模，具有综合的企业、社会、学术价值。

二、研究方法

本章针对与低碳能源转型发展高度相关的电池关键有色金属产业，构建包含从原料开采加工、正极材料生产、电池制造到装机使用的全生命周期视角下的环境外部性影响评估系统，并考虑最终产品表现与社会效益，探索实现电池相关的关键有色金属产业碳中和路径，最终回答以下重要问题：低碳能源技术发展的关键材料清单内容、电池关键有色金属的社会代谢机理、复杂技术应用条件下的环境外部性影响、实现"低碳能源转型与有色金属产业碳中和"协同发展的政策和技术体系制定等。研究方法及主要内容如图 2-8-1 所示。

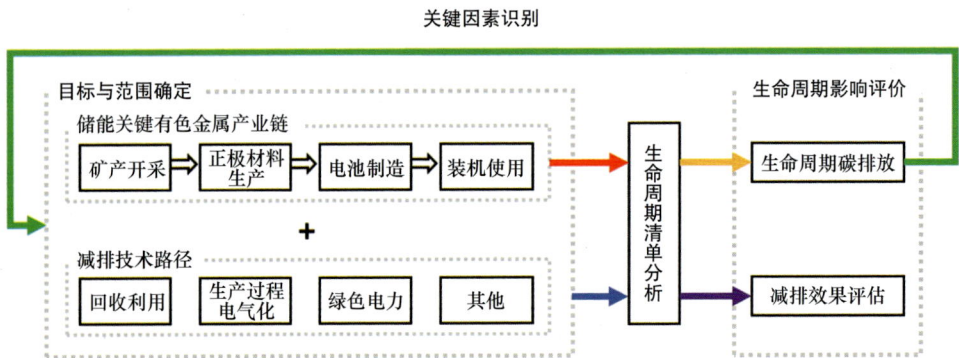

图 2-8-1　研究方法及主要内容

三、主要发现和政策建议

（一）阐明储能关键材料全生命周期各阶段能源环境影响

本章基于对动力电池生产过程的研究和对关键材料上游生产环节的追溯，阐述了储能关键材料全生命周期各阶段的能源环境影响。图 2-8-2 展示了储能关键有色金属全产业链的能源消耗情况，包括产业链全流程（见图 2-8-2a）以及电芯生产工艺（图 2-8-2b）两部分，并对具有减排潜力的措施进行了标注。图 2-8-2a 从左到右依次描绘了矿产开采、加工精炼、高级化合物生产、电芯生产、电池系统生产以及最后的回收环节，形成一个闭环的动力电池产业链，其中饼状图表示相应环节中各种能源消耗的比例。电芯生产环节可展开为图 2-8-2b 中的工艺流程，各流程底色的深浅表示能耗的大小，右侧饼状图将电池生产能耗分布进行了更清晰的展示。

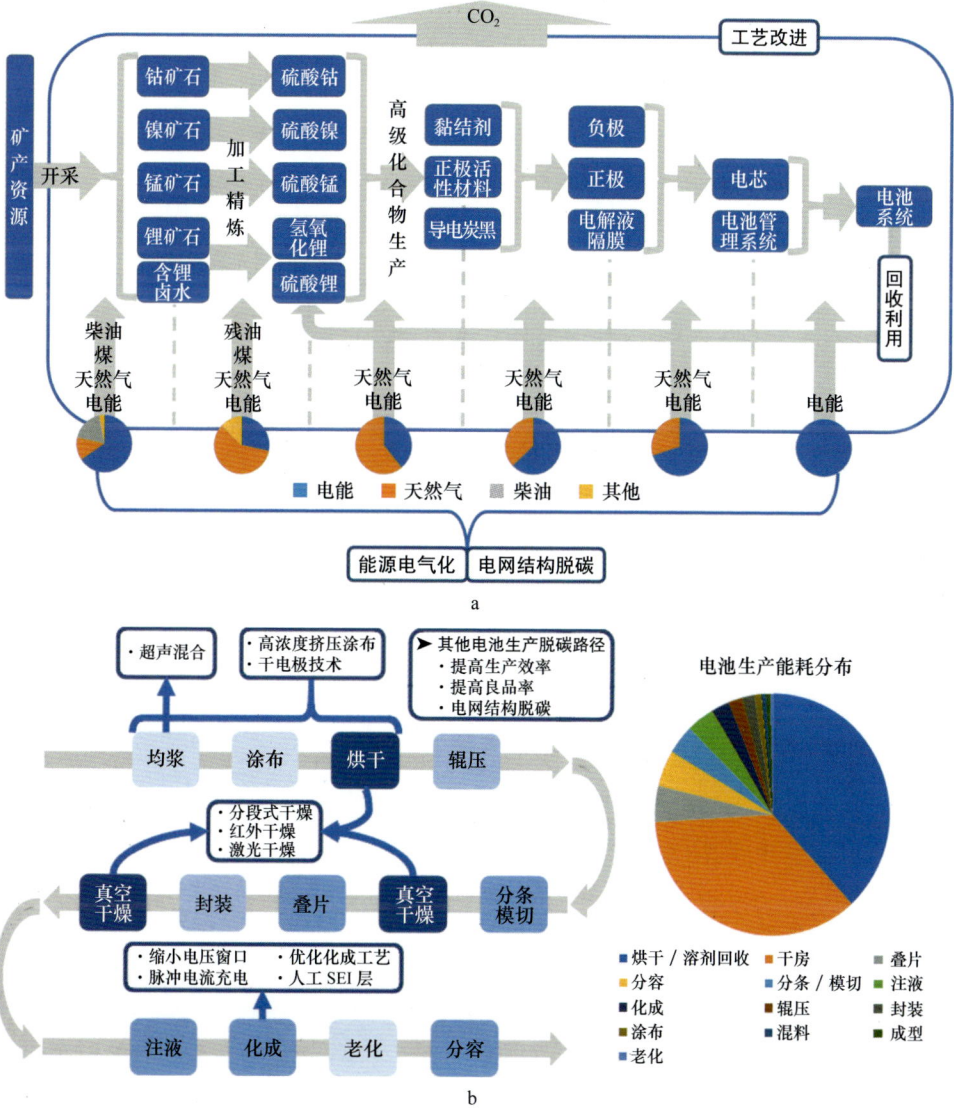

图 2-8-2　储能关键有色金属全产业链能耗情况以及电芯生产工艺能耗情况

a—储能关键有色金属全产业链能耗情况；b—电芯生产工艺能耗情况

根据图 2-8-2，储能关键材料全生命周期各阶段能源环境影响的总体情况如下：

（1）随着产业链自上而下，使用化石能源的种类及比例在整体上呈递减趋势。

（2）在产业链最上游的矿产开采环节，约 1/3 的能源由化石能源提供，其中包括天然气、煤以及柴油等；随后的加工精炼环节中化石能源的比例更是达到了接近 3/4，其中大部分为天然气，其余部分为煤以及少量的残油。

（3）在产业链中下游环节中，所需的化石能源只有天然气，并且在各环节能源需求中所占比例逐渐减少，特别是在正向产业链最下游的电池系统生产环节中，所需要的能源全部由电能提供。

（4）在电芯生产环节中，烘干、真空干燥等工序的能耗较高，约占电芯生产总能耗的 3/4，其能量主要由电能和天然气提供。

（5）天然气在产业链中多个环节的能耗中均占有较高比例，其主要作用为提供热源，在一定条件下可被电能替代。若电网结构较为清洁，将天然气替换为电能可有效减少产业链碳排放。

（6）废旧动力电池通过回收可以得到关键金属的硫酸盐、碳酸盐等产物，这一环节可以替代一部分产业链上游环节，从而减少化石能源消耗。

（二）揭示储能关键材料全生命周期碳排放

本章对动力电池及储能关键材料产业链进行了全生命周期清单分析，对所研究产品系统输入与输出的数据清单进行详细的汇编和量化，具体包括过程刻画、数据采集及分析等研究工作。对于清单分析得到的结果，本章使用 CML-IA baseline V3.06 方法进行了特征化处理，并重点关注其中的 GWP（global warming potential，全球变暖潜值，单位：$kg\ CO_2\ eq/(kW \cdot h)$）。图 2-8-3 所示为不同种类动力电池全生命周期的碳排放情况，具体包括正极活性材料生产、电池组装以及其他部分的碳排放值。其中，正极活性材料生产的碳排放与储能关键材料密切相关，具体包括两部分，分别为正极材料生产过程碳排放以及相应原材料的生命周期碳排放。电池组装的碳排放为图 2-8-2b 所示过程产生的碳排放，其他部分碳排放为除正极材料之外其他原材料的生命周期碳排放。

针对动力电池的全生命周期碳排放研究表明：

（1）在当前生产制造水平下，镍钴锰酸锂（NCM 811）电池生产制造全生命周期碳排放约为 $87kg/(kW \cdot h)$，其中正极材料生产和电池组装的碳排放分别占 50% 和 30%。

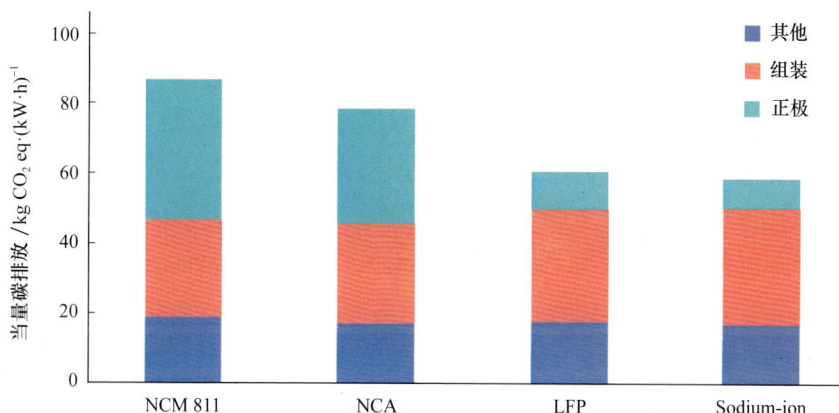

图 2-8-3　不同种类动力电池全生命周期碳排放

（2）镍钴铝酸锂（NCA）电池作为另一种三元锂电池，其生命周期碳排放略低于 NCM 811 电池，二者的差异主要来源于正极材料生产的碳排放。

（3）相比于 NCM 811 电池，磷酸铁锂（LFP）电池全生命周期碳排放降低约 1/3，二者差异主要来源于正极材料生产以及电池组装两部分。具体来讲，由于 LFP 电池的质量能量密度低于 NCM 811 电池，而两者的组装过程及能耗情况基本一致，故每组装 1kW·h LFP 电池产生的碳排放小幅高于 NCM 811 电池；另外，LFP 电池正极材料生产的碳排放大幅低于 NCM 811 电池正极材料，从而使得 LFP 电池的全生命周期碳排放明显低于 NCM 811 电池。

（4）钠离子电池作为一种新型的储能电池，其全生命周期碳排放与 LFP 电池相当，且各部分碳排放的比例接近。目前，钠离子电池仍处于实验室阶段，可以预见，随着生产工艺的改进、能量密度的提升以及产业链的完善，其全生命周期碳排放有望进一步降低。

（三）提出储能材料碳中和技术路线图

本章对动力电池产业链碳减排技术进行了评估，不同技术单独作用的减排效果如图 2-8-4 所示。动力电池产业链减排主要有以下几种思路：回收利用、工艺改进以及改善能耗结构。

回收利用得到的二次资源能够抵消部分一次资源生产，在回收过程产生的碳排放低于一次资源生产碳排放的情况下，能够产生一定的减排效果。目前，动力电池回收技术主要有湿法回收、火法回收以及直接物理法回收。湿法回收首先将废旧动力电池进行拆解分选，然后将正极材料进行酸浸或碱浸处理，最后通过溶剂萃取、离子交换、化学沉淀等方式回收其中的金属元素。火法回收不需要对废旧动力电池进行分拣，而是直接进行高温熔炼，电池中的塑料、隔膜、石墨、电解液等物质被燃烧，镍、钴、锰等金属元素以合金的形式被回收，而锂元素存在于炉渣之中。直接物理法回收的主要原理是，在避免活性物质分解的前提下，通过物理分离、磁选和适当的热处理等方法来分离电池组分，然后通过再锂化或水热工艺对正极活性材料进行修复。湿法回收和火法回收技术已大规模投入产业实践。工艺改进则以储能关键材料产业链中的高能耗环节为切入点，通过改进生产技术以减少工艺能耗，部分潜在的低碳生产技术如图 2-8-2b 所示。然而，一些改进技术仍处于实验室乃至理论阶段，其应用到实际生产的可行性及碳减排效果仍有待进一步验证。改善能耗结构的思路较为简单，大致可以分为两步走，即：电网使用 100% 绿色电力，并且使用电能替代产业链中所有可替代的其他能源。

根据图 2-8-4，储能关键材料不同碳减排措施的效果如下：

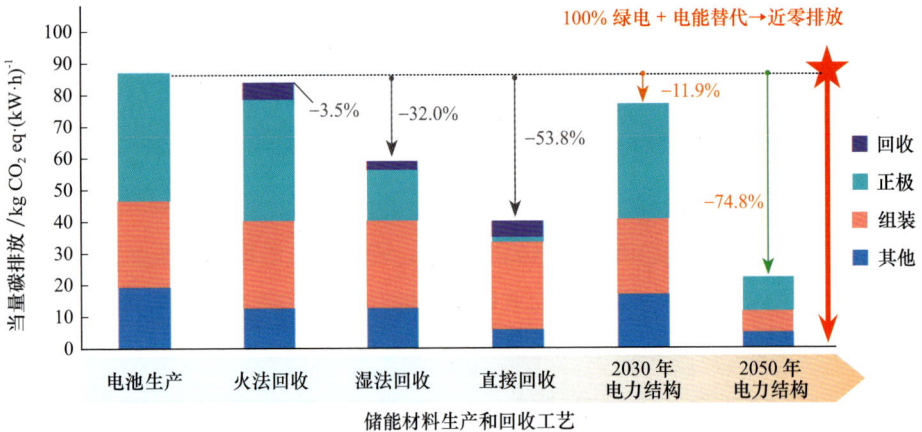

图 2-8-4　储能材料碳中和技术路线及碳减排措施效果评估

（1）通过资源回收再生可在一定程度上降低碳排放，但不同回收工艺的碳减排效果不同。

（2）火法回收仅能减少 3.5% 的碳排放。这一技术在熔炼、熔铸、烧结等工序中需要消耗大量的煤炭和电能，工艺本身碳排放较高，甚至接近于一次资源生产的碳排放，所以碳减排效果不够理想。目前这一技术在我国并未得到大规模应用。

（3）直接物理法回收和湿法回收的碳减排效果显著，可分别减排超过 50% 和 30%。物理回收能够直接得到电池正极材料，可以抵消较多的一次资源生产碳排放。湿法回收的直接产物通常为关键元素的金属盐，需要进一步加工得到正极材料，但该回收工艺能耗较低，回收环节产生的碳排放较少，故也能起到明显的减排效果。目前，我国已实现湿法回收的产业化应用，而直接物理法回收整体上仍处于实验室阶段，只有个别企业将其投入实际生产。

（4）根据对我国电力能源结构的预测，随着绿电比例的提升，在 2030 年、2050 年的电力结构下，动力电池生产的生命周期碳排放可降低 12% 和 75%，并逐步实现全生命周期近零排放。对于无法使用绿电进行替代的能源消耗，则需要使用碳捕集技术以实现近零排放。

除了 CO_2 之外，电池生产制造一定程度产生 SO_x、NO_x、PM2.5、VOC 等污染物排放，但考虑汽车使用的全生命周期视角下排放低于传统汽车，且排放一般远离人口密集区，造成的人体伤害更小；锂离子电池不当处置所带来的环境影响远低于铅酸电池，生态风险与橡胶轮胎相当。研究成果明确了相关关键有色金属碳排放及其减排路径，对相关有色金属及下游产业的低碳发展起到指导作用，同时为在进一步的技术经济分析中导入碳排放成本，揭示资源供应成本和规模奠定了基础。

（四）降低储能关键材料碳排放的政策建议

我国新能源汽车市场增长迅速、潜力巨大，同时也刺激了动力电池及其上游关键材料产业的快速发展。从汽车使用全生命周期的角度来看，在我国目前的能源结构及产业现状下，电动汽车的碳排放低于传统燃油汽车，但是仍然具有进一步降低的空间。在纯电动汽车全生命周期碳排放中，生产过程碳排放约占 1/3，其中动力电池生产碳排放约占整车生产的 1/3。所以，为了降低电动汽车生命周期碳排放、最终实现碳中和目标，政策应该更加注重从动力电池供给侧以及资源回收两个方面来降低储能关键材料的碳排放。本章提出了以下几点政策建议：

（1）统筹资源可持续供应与低碳发展。对于储能关键金属材料如锂、钴、镍等，每种元素均可以由多种矿产开采而来。例如，锂资源既可以来源于锂矿石，也可以由卤水提炼；镍元素主要存在于硫化镍矿和红土镍矿。不同矿产的开采难度及冶炼工序均存在较大差异，其碳排放水平也会有所不同，以锂元素为例，卤水提锂技术的碳排放低于矿石提锂。所以应该在保障资源供应的前提下，鼓励优先采用低碳矿产来源。

（2）支持和鼓励动力电池全生命周期中低碳技术的研发和应用。一方面，鼓励企业在动力电池产业链各环节中采用更加低碳的生产技术，如干电极技术、分段式干燥等，加速产业低碳化升级改造；另一方面，促进电池化学体系研发创新，加速新型电池的研发及应用，减少动力电池对高碳排放资源的需求。

（3）尽快建立完善的动力电池回收利用体系。应当切实加强对废旧动力电池的监控和管理，落实动力电池回收精细化溯源管理，明确并落实动力电池回收责任分配，建立动力电池回收行业准入制度，引导产业规范化发展。

（4）促进动力电池先进回收技术的研发和应用。其一，回收目标金属需要全面涵盖锂、钴、镍，并且不断改进回收工艺、提高金属回收率；其二，鼓励回收企业加强电池检测技术攻关，尽快解决梯次利用安全性问题，合理延长动力电池生命周期；其三，加快直接物理法回收等先进回收技术的研发应用，随着资源的一次生产环节逐渐低碳化，需要进一步降低回收环节碳排放才能保证其减排效果。

（5）规划动力电池全产业链新建产能时优先考虑可再生能源丰富的地区，并且促进产业链各生产环节提高电气化水平。

四、研究展望

拟以本专题成果为基础，进一步深化碳排放核算及成本化、原生价格资源波动影响评估、电池回收法规影响评估，揭示关键有色金属原生、再生资源供应演进。

五、专题组成员

专题研究组主要成员名单见表 2-8-1。

表 2-8-1　专题研究组主要成员名单

序　号	姓　名	技术职称 / 职务	工作单位
1	郝　瀚	副教授	清华大学车辆与运载学院 / 清华－力拓中心
2	杜世龙	博士生	清华大学车辆与运载学院
3	窦　昊	硕士生	清华大学车辆与运载学院
4	邓昀锋	博士生	清华大学车辆与运载学院
5	孙　鑫	博士生	清华大学车辆与运载学院
6	荀邓晔	博士生	清华大学车辆与运载学院

第三篇

学术成果和建言献策

本篇首先摘选了中心的代表性学术论文，其次介绍了一些围绕政策议题的学术观点，最后给出了一些围绕热点问题的行业观点。

第一章
代表性学术论文简介

本部分主要摘编中心"金属碳中和"旗舰项目支持下各位课题负责老师及其工作团队发布的学术论文摘要。为方便读者，我们对英文论文的题目和摘要进行了翻译。

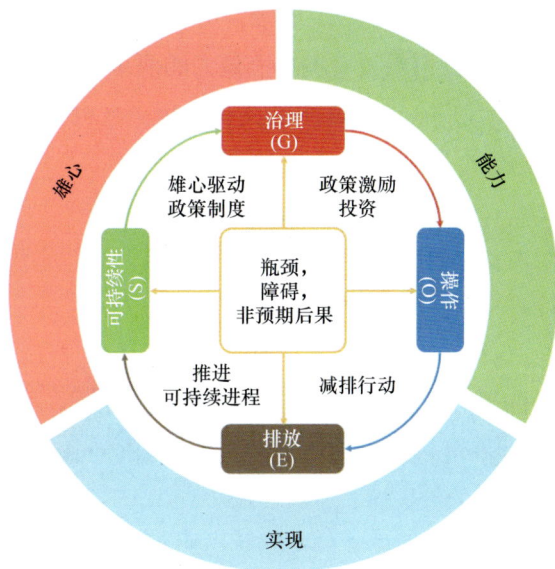

论文信息

题目：实现雄心：迭代评估和交流国家脱碳进展的框架

作者：Chuan Zhang, Honghua Yang, Yunlong Zhao, Linwei Ma, Eric D. Larson, Chris Greig

期刊名：iScience

期刊月份：2022 年 1 月

DOI：10.1016/j.isci.2021.103695

论文摘要

越来越多的政府承诺到 21 世纪中叶实现温室气体净零排放。尽管有这样的雄心壮志，但已实现的减排量仍远低于能源系统模型转型路径给出的实现净零排放所需。这种差距主要是因为难以对实现实际减排所需的所有技术经济和社会政治能力进行真实建模。模型的这种局限性表明，需要一个超越能源系统建模的能源系统分析框架，以缩小雄心与现实之间的差距。为此，我们提出了排放—可持续性—社会治理—社会行动（ESGO）框架，用于对国家的能力和实现进行结构化评估和透明交流。我们利用最近对世界上最大的两个排放国中国和美国的净零建模研究，说明了能源建模在 ESGO 中的关键作用。这也为改进能源系统建模，促进 ESGO 高效实施提出了建议。

论文亮点

- 实现国家脱碳的雄心取决于能力。
- 提出了一个排放—可持续性—治理—运营（ESGO）分析框架，以提高模拟过渡到净零排放的可行性。
- 借鉴中国和美国脱碳模型研究的结果来说明 ESGO 框架的应用。
- EGSO 框架适用于任何追求净零排放路径设计的国家。

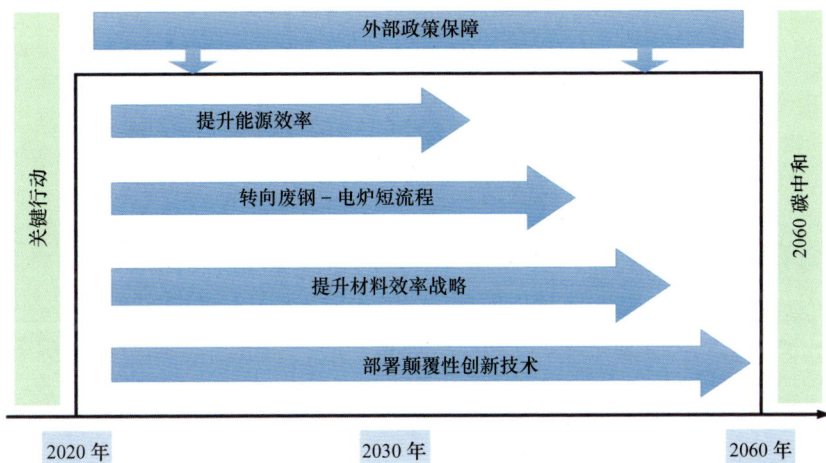

论文信息

题目：中国和世界钢铁工业低碳发展：现状、未来愿景和关键行动

作者：Yuancheng Lin, Honghua Yang, Linwei Ma, Zheng Li, Weidou Ni

期刊名：Sustainability

期刊月份：2021 年 11 月

DOI：10.3390/su132212548

论文摘要

中国钢铁工业（ISI）的低碳发展是到 2060 年实现中国碳中和的一项重要但富有挑战性的工作。然而，以往大多数与中国钢铁工业低碳发展相关的研究都是从生产侧缓解、需求侧缓解或缓解技术等不同角度进行的。此外，还缺乏对中国 ISI 低碳发展长期路径的全面概述。为了应对这一差距，更好地指导中国的政策制定，本文根据涵盖了低碳发展现状、未来愿景和关键行动的技术路线图框架，对世界和中国 ISI 进行了及时和全面的综述。首先，本文概述了世界主要钢铁生产国的低碳发展技术路线图。其次，详细评估了中国 ISI 可采取的关键脱碳行动

的潜力。最后，对我国 ISI 未来低碳发展提出政策和研究建议。通过全面综述，可以将四项关键行动应用于中国 ISI 的低碳发展：提高能源效率、转向废电弧炉路线、提高材料效率战略和部署根本性创新技术。

论文亮点

- 从技术路线图视角系统综述了全球钢铁行业低碳发展的现状、目标和关键措施。
- 参考全球发展路线和中国实际国情，系统分析了中国钢铁行业低碳发展的可行措施。
- 中国钢铁行业低碳发展的关键措施包括：提高能效，向电炉 / 废钢路线转型，发展循环经济，发展氢能炼钢等突破性创新技术。

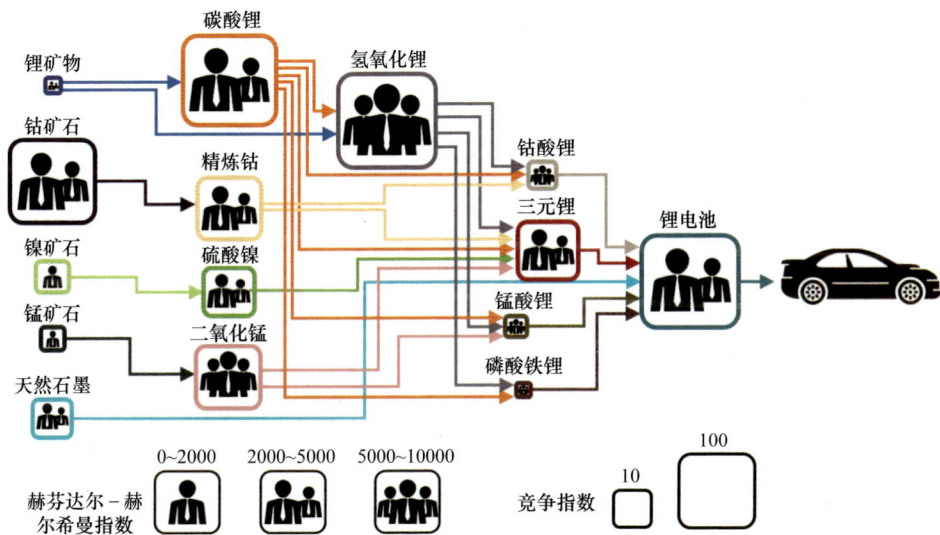

论文信息

题目：锂离子电池供应链的全球性竞争：关键性分析的新视角

作者：Xin Sun, Zongwei Liu, Fuquan Zhao, Han Hao

期刊名：Environmental Science & Technology

期刊月份：2021 年 9 月

DOI：10.1021/acs.est.1c03376

论文摘要

随着能源转型步伐的加快，锂离子电池 (LIB) 供应链的竞争在很多国家都在加剧。为了了解竞争对手带来的潜在风险，本研究量化了 15 类 LIB 相关商品的全球竞争强度，这在之前的关键性分析研究中没有得到很好的表征。基于收集的数据和设计的处理技术，本研究提出了"竞争指数"的指标。结果显示，氢氧化锂、LIBs 和碳酸锂是 2019 年 LIB 供应链全球竞争的焦点，未来氢氧化锂的竞争将更加激烈。韩国、日本和美国对 LIBs 相关商品的竞争最为显著。这种对 LIB 相关商品全球冲突潜力的洞察为潜在竞争者和相应的区域产业结构转型策略提供了参考。我们开发的指数补充了关键性分析框架，该框架可以扩展以评估与其他行业相关的材料的关键性。

论文亮点

- 开发了新方法来量化特定商品的全球竞争强度。
- 对 LIBs 整个全球供应链中涵盖的各种核心商品的全球竞争潜力进行了定量分析。
- 该方法完全面向数据，可以扩展到评估其他关键商品的竞争状况。

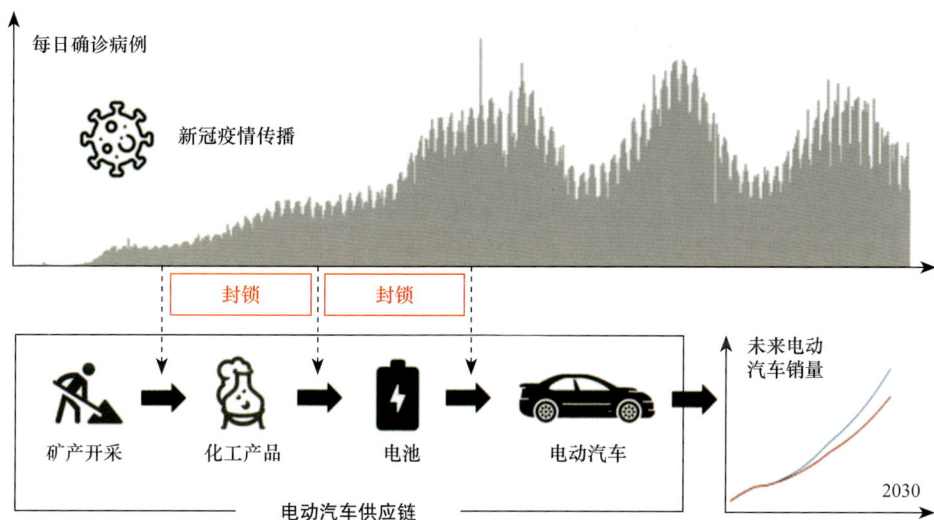

论文信息

题目：新冠肺炎大流行对全球电动汽车供应链的潜在影响建模

作者：Xin Sun, Gang Liu, Han Hao, Zongwei Liu, Fuquan Zhao

期刊名：iScience

期刊月份：2022 年 3 月

DOI：10.1016/j.isci.2022.103903

论文摘要

　　持续的新冠肺炎大流行和随之而来的封锁在短期内对全球经济产生了重大影响。然而，目前为止，它们对全球电动汽车供应链的稳定性以及我们的长期气候目标的影响在很大程度上仍未得到探索。本研究旨在基于综合模型框架解决这一差距，包括评估整个电动汽车供应链中 17 种选定核心商品的供应风险，并进一步应用供应约束来预测到 2030 年的电动汽车未来销售。三种大流行发展情景下的模型结果表明，如果疫情在 2024 年前得到有效控制，全球电动汽车行业将在不受到根本损害的情况下复苏，到 2030 年可以保持与无疫情情景下相同的增长趋势。本文建议，后疫情时代的财政刺激应该更多地指向提升电池产品的质量，而不是扩大产能。

论文亮点

- 锂是电动汽车行业最关键的商品。
- 短期新冠肺炎大流行不会对生产造成限制。
- 长期的大流行可能严重危及电动汽车市场的发展。
- 后工业化政策应更加注重提高电池质量。

低碳战略

钢厂管理方式改进 高炉-转炉改造

成本及温室气体减排潜力

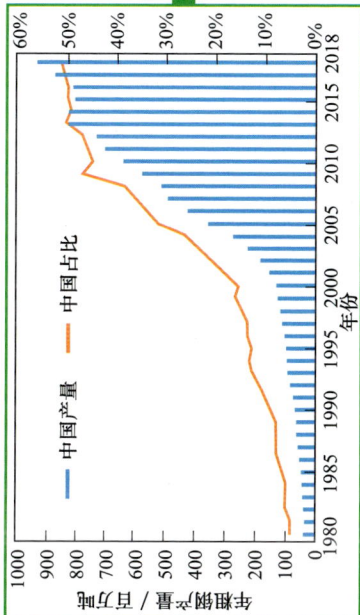

柱状图（图例：高炉-转炉、废钢-电弧炉、平均；纵轴 tCO₂/t 排放）

类别	高炉-转炉	废钢-电弧炉	平均
热轧卷	2.35	0.87	2.18
铸块	2.18	0.7	2.01
粗钢	2.1	0.61	1.93
生铁	1.74	0	1.74

碳捕集封存与利用

封存、利用
- 地质封存：枯竭油气田封存、咸水层封存
- 生物利用：食品、饲料生产、生物废料生产
- 地质/矿物利用：强化石油开采（EOR）、页岩气开采/煤层气驱替
- 化学利用：重整制备甲醇/合成燃料、钢渣矿化

储运 — 运输：车载运输、管道运输、船舶运输

捕集
- 燃烧前捕集（较复杂）：化学吸收、物理吸收、变压/变温吸附、膜分离
- 燃烧后捕集（最成熟）：化学吸收、物理吸收、变压/变温吸附、膜分离、液化分离法
- 富氧燃烧（调节浓度）：常压富氧燃烧、增压富氧燃烧、化学链燃烧

排放源
- 高浓度（>70%）：煤化工地放空气、煤制氢尾气
- 中浓度（>30%，<70%）：联合循环发电、石油化工尾气、高炉热风炉尾气
- 低浓度（<30%）：气电尾气、煤尾气、石油尾气

综述

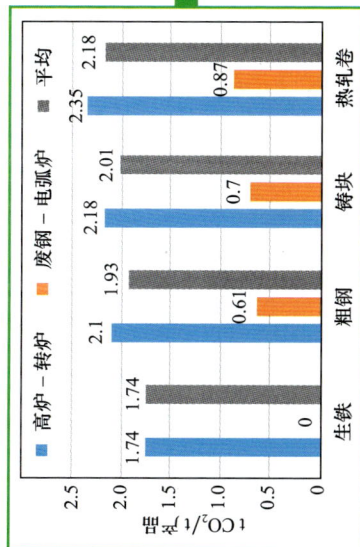

折线/柱状图（图例：中国产量、中国占比；左纵轴 钢铁产量/百万吨 1000~0；右纵轴 60%~0%；横轴 年份 1980 1985 1990 1995 2000 2005 2010 2015 2018）

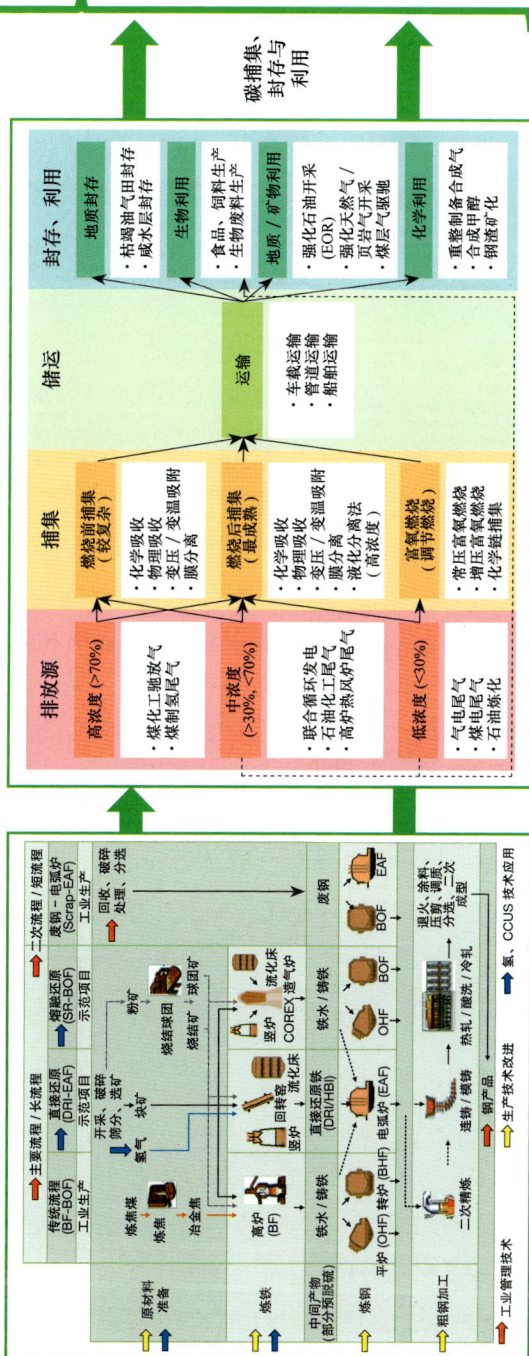

钢铁生产流程图

工序：原材料准备 / 炼铁 / 中间产物（部分预脱碳）/ 炼钢 / 粗制加工

流程类型：
- 主要流程/长流程（BF-BOF）工业生产
- 直接还原/长流程（DRI-EAF）示范项目
- 熔融还原（SR-BOF）示范项目
- 二次流程-电弧炉（Scrap-EAF）工业生产
- 回收、破碎、处理、分选

图例：生产技术改进、工业管理技术、氢、CCUS技术应用

主要节点：炼焦煤、炼焦、冶金焦、高炉（BF）、铁水/铸铁、平炉（OHF）转炉（BOF）、二次精炼、连铸/模铸、钢产品、粉矿、块矿、烧结、球团、竖炉、回转窑、直接还原铁（DRI+HBI）、电弧炉（EAF）、COREX、流化床、熔融气化炉、烧结球团、球团矿、废钢、退火、涂镀、压剪、调质、二次成型、热轧/酸洗/冷轧

论文信息

题目：以中国为焦点的钢铁行业二氧化碳减排技术与低碳发展综述

作者：Lei Ren, Sheng Zhou, Tianduo Peng, Xunmin Ou

期刊名：Renewable and Sustainable Energy Reviews

期刊月份：2021 年 3 月

DOI：10.1016/j.rser.2021.110846

论文摘要

钢铁工业（ISI）是能源密集型行业，约占工业部门全球直接温室气体（GHG）排放量的 25%。作为最大的钢铁生产国和消费国，中国对节能减排负有首要责任；因此，制定了许多温室气体减排战略。然而，由于投资成本高和设备使用寿命长，ISI 必须仔细权衡这些方法的成本和减排潜力。本文讨论了与 ISI 相关的技术改进和超低碳技术的研究结果，强调了其成本效益和发展前景。基于生命周期分析方法，本文综述建立了一个综合分析框架，以整合不同研究的结果，在设计温室气体减排战略时考虑更多因素。结果表明，充分应用主流技术改进可以减少约 43% 的二氧化碳排放。此外，将这些战略与超低碳技术相结合可以实现 80% ~ 95% 的减排。与实施此类技术改进相关的边际成本降低在以下范围内：-5 ~ 0.5 美元 /kg CO_2。在中国的 ISI 中应用碳捕获、利用和储存技术或氢基技术进行深度脱碳，预计到 2050 年，成本将减少 120 亿 ~ 350 亿美元。我们建议，中国的 ISI 短期内需要技术改进，长期应优先发展超低碳技术。

论文亮点

- 讨论钢铁工业技术改进的研究和试点项目。
- 综述了钢铁行业超低碳排放技术与潜力。
- 回顾了钢铁行业能源消耗和温室气体排放概况。
- 设计了基于成本和温室气体减排潜力分析的发展战略。

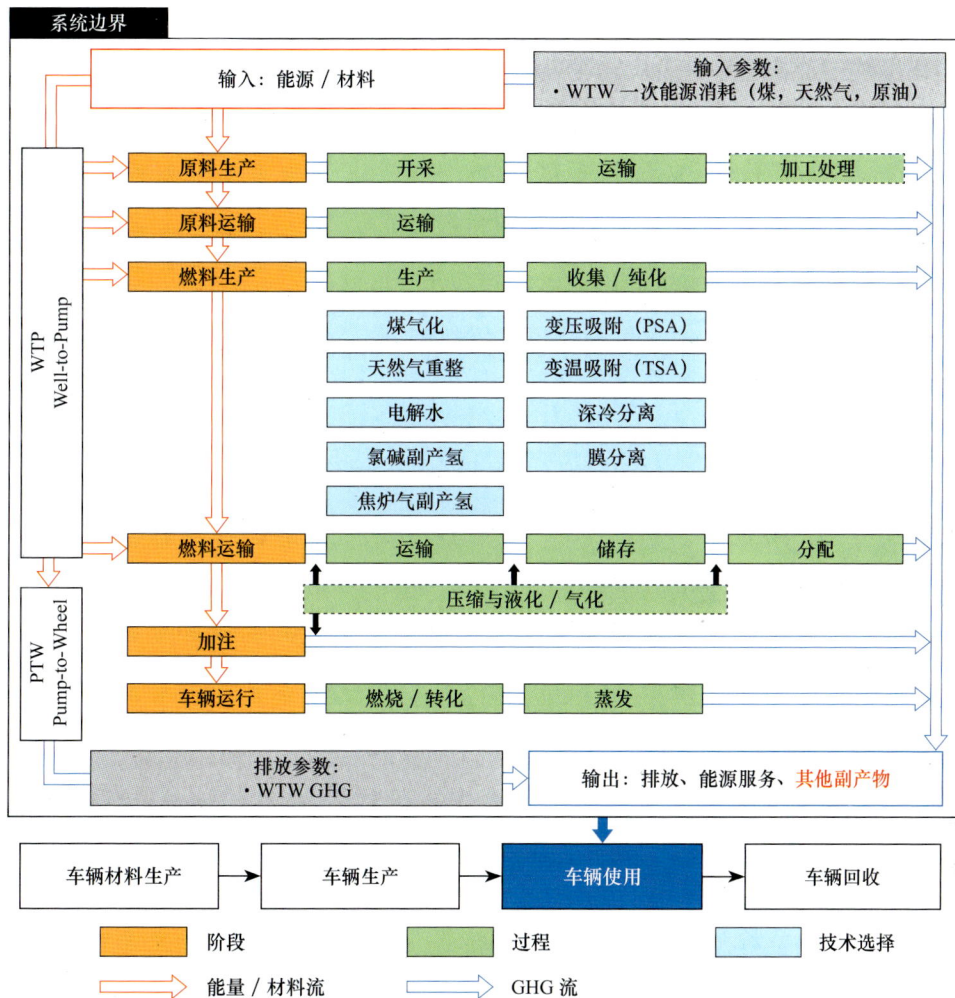

系统边界

- 输入：能源／材料
- 输入参数：
  - ·WTW 一次能源消耗（煤，天然气，原油）

WTP Well-to-Pump

原料生产	开采	运输	加工处理
原料运输	运输
燃料生产	生产	收集／纯化

技术选择：煤气化／变压吸附（PSA）、天然气重整／变温吸附（TSA）、电解水／深冷分离、氯碱副产氢／膜分离、焦炉气副产氢

| 燃料运输 | 运输 | 储存 | 分配 |

压缩与液化／气化

PTW Pump-to-Wheel

| 加注 |
| 车辆运行 | 燃烧／转化 | 蒸发 |

排放参数：·WTW GHG

输出：排放、能源服务、其他副产物

车辆材料生产 → 车辆生产 → 车辆使用 → 车辆回收

图例：
- 阶段
- 过程
- 技术选择
- 能量／材料流
- GHG 流

论文信息

题目：中国燃料电池汽车氢供应链的生命周期能耗和温室气体排放

作者：Lei Ren, Sheng Zhou, Xunmin Ou

期刊名：Energy

期刊月份：2020 年 9 月

DOI：10.1016/j.energy.2020.118482

论文摘要

本文建立了一个模型，对中国燃料电池汽车氢供应链的一次能源消耗和温室气体排放进行生命周期分析。将电池电动汽车和内燃机汽车设置为参考路径。结果表明，基于水电和核电制氢的生命周期一次能源消耗最低，为 0.48 ~ 0.94 MJ/MJ H$_2$。副产品制氢也节约了能源，而基于天然气、煤和电网电力的氢通道在生命周期能源消耗方面没有优势。对于生命周期温室气体排放，也发现了类似的结果。基于水电和核电制氢的私人客运燃料电池汽车在减少温室气体排放方面具有突出的潜力，而基于天然气制氢的氢燃料汽车（生命周期温室气体排放量为 187 ~ 235g CO$_2$ 当量 / 公里[1]）与传统汽车相当。基于当前电网制氢的燃料电池汽车的生命周期温室气体排放量是内燃机汽车的 2 ~ 3 倍。氢燃料电池汽车公交客车由于其高能源需求，与内燃机车 / 电池电动汽车相比，在其生命周期一次能源消耗和温室气体排放方面没有明显优势。

论文亮点

- 对中国氢燃料电池汽车能源消耗和温室气体排放进行生命周期分析。
- 描述了氢技术和电力未来低碳发展。
- 副产品制氢实现了节能。
- 氢气运输和储存过程中的温室气体排放不容忽视。

[1] 1公里 = 1km。

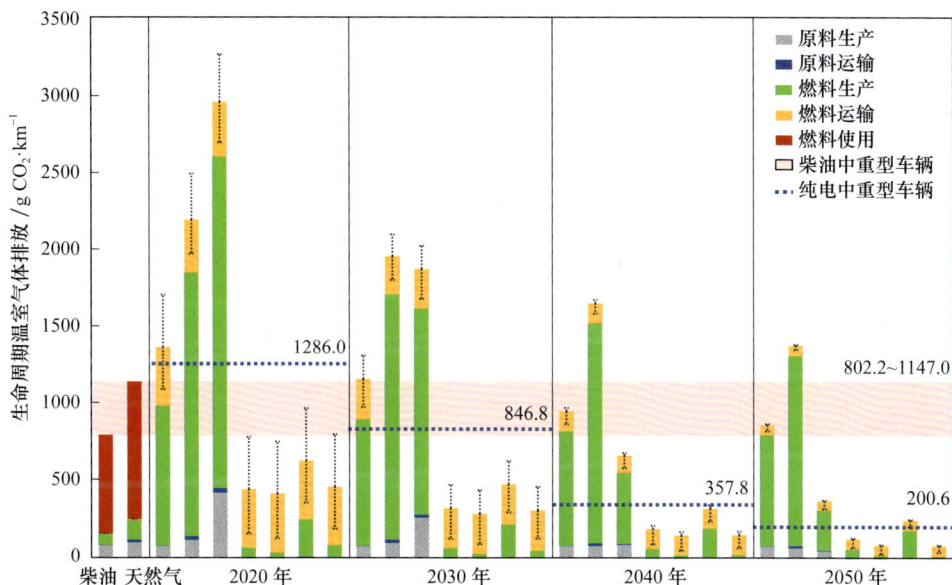

论文信息

题目：不同使用场景和车辆类型下中国燃料电池中重型卡车的温室气体生命周期分析

作者：Lei Ren, Sheng Zhou, Tianduo Peng, Xunmin Ou

期刊名：Energy

期刊月份：2022 年 6 月

DOI：10.1016/j.energy.2022.123628

论文摘要

本文建立了一个统一完整的中国生命周期模型，为中重型卡车（MHDT）的燃油经济性提供了数据检查和协调方法，其中考虑了各种试验条件的差异，也考虑了 MHDT 重量等级、使用场景和电力系统的差异。此外，还建立了替代燃料的不同渗透场景，以预测 MHDT 的变化。结果表明，氢源显著影响 MHDT 的减排潜力。可再生电解和副产品制氢可以减少 29.0%～52.4% 的温室气体排放。依赖氢运输和储存技术的其他制氢方法，只有在电网变得低碳后，才有机会减少排放。就车型而言，电池电动 MHDT 的电池质量占其整备重量的 15% 以上，削弱了其减排效益。相比之下，8 级燃料电池卡车由于其设备质量较低，可以最大限度地减少排放。在不同的情景下，MHDT 预计到 2050 年将减少 12.1%～69.9% 的排放量。然而，过度使用氢气可能导致 2020 年至 2040 年的排放量增加。因此，建议综合考虑大规模推广 FC-MHDT，并结合中国的能源转型和技术发展。

论文亮点

- 对中国氢燃料电池卡车整体温室气体排放进行了生命周期分析。
- 分析了零部件尺寸对 10 款中重型卡车的影响。
- 建立了一种协调方法来整合全球燃料电池卡车的前瞻性研究。

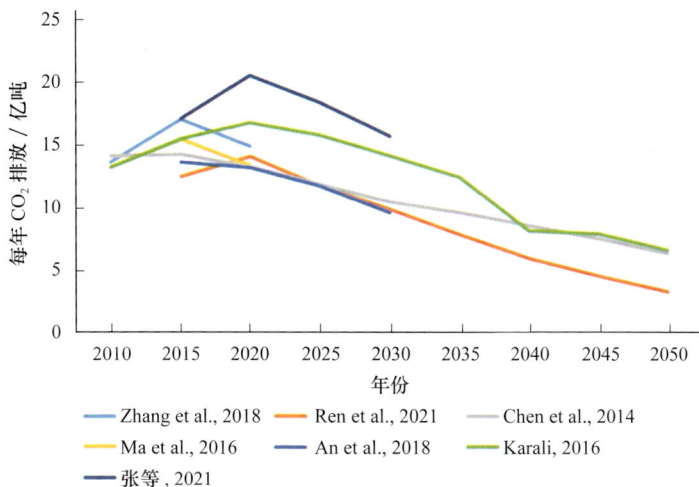

论文信息

题目：碳中和背景下中国钢铁行业低碳发展路径

作者：李晋，谢璨阳，蔡闻佳，王灿

期刊名：中国环境管理

期刊月份：2022 年 2 月

DOI: 10.16868/j.cnki.1674-6252.2022.01.048

论文摘要

钢铁行业的低碳转型对于我国实现碳达峰、碳中和目标具有至关重要的作用，有必要提前研究"双碳"目标下中国钢铁行业的发展路径及技术路线。本文回顾了中国钢铁行业发展的历史趋势；归纳了钢铁行业实现低碳发展的主要技术选择；基于文献调研汇总了近年来关于中国钢铁行业低碳发展路径的相关研究，并总结了不同研究对钢铁未来低碳路径中关键参数的判断，包括粗钢产量、废钢资源量、电炉炼钢比例、低碳技术应用、能耗强度、二氧化碳排放等，同时分析了不同研究得出的普遍认识和主要差异。在研究中我们也简要分析了中国钢铁转型路径与全球钢铁转型路径之间的异同。基于上述分析，本文提出了"双碳"目标下中国钢铁行业发展路径的研究需求。

论文亮点

- 综述总结了中国钢铁行业低碳行动及研究现状。
- 汇总和分析了钢铁行业未来低碳转型的关键要素研究。
- 为中国钢铁行业低碳发展路径研究提出了政策建议。

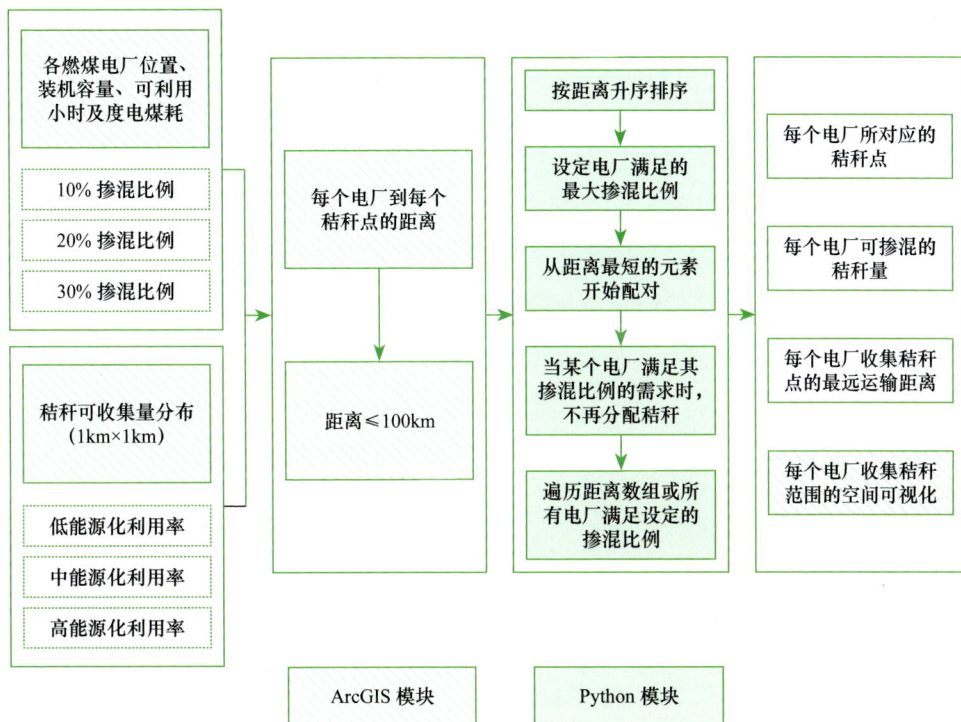

论文信息

题目：基于空间分析方法的我国燃煤耦合生物质发电潜力研究

作者：郑丁乾，田善君，马思宁，常世彦

期刊名：洁净煤技术

期刊月份：2022 年 6 月

DOI: 10.13226/j.issn.1006-6772.CC22022801

论文摘要

燃煤耦合生物质发电可以降低燃煤电厂 CO_2 排放，减少空气污染。考虑秸秆资源能量密度较低等特点，燃煤耦合生物质发电技术的应用潜力很大程度上取决于燃煤电厂与秸秆资源在空间上的匹配程度。因此，从空间分析角度，研究燃煤耦合生物质发电潜力具有重要意义。基于高分辨率燃煤电厂与秸秆资源数据，采用空间匹配方法对燃煤耦合发电的可能潜力进行评价。结果表明，我国燃煤电厂与秸秆资源空间匹配程度较高，约89%的可收集秸秆位于燃煤电厂100km半径以内。燃煤电厂可掺混秸秆量受秸秆可能源化利用率和电厂秸秆可掺混比例影响。秸秆可能源化利用量越高且电厂秸秆可掺混比例越高时，燃煤电厂可掺混的秸秆量越多。在秸秆高能源化利用率与30%掺混比例的情景下，1066个电厂可以在100km半径以内找到可掺混的秸秆资源，其中约52.6%电厂可满足30%掺混比例。该情景下，电厂共可消纳秸秆3.84亿吨，减排CO_2约5.11亿吨。相关结论可为我国燃煤耦合生物质发电技术支持政策以及秸秆能源化利用政策的制定提供技术支撑。

论文亮点

- 设计了电厂和秸秆资源间的空间匹配算法。
- 分析了不同区域燃煤耦合生物质发电潜力。

第二章
政策议题的学术观点

本部分主要摘编研究团队各位项目负责老师及团队在中心"金属碳中和"旗舰项目支持下通过接受采访、提交政策建议等方式，发表的对行业发展及政策措施的见解和建议等。为控制篇幅，本文仅提供了作者和主题介绍，具体内容可扫描二维码阅读。

实现碳中和，首要是深刻变革能源系统

本文为清华大学气候变化与可持续发展研究院常务副院长、清华大学低碳能源实验室主任李政在清华五道口"碳中和经济"论坛上发表的演讲。李政在演讲中表示，能源的使用是二氧化碳排放主要的来源，要想实现碳中和，首当其冲的任务是能源系统要深刻的变革。文章发布于2021年9月17日。

如何实现工业绿色发展？
麻林巍：节能降碳、发展绿色经济是关键

本文为麻林巍就《"十四五"工业绿色发展规划》接受人民网采访，解析工业绿色发展的关键问题。麻林巍指出，要提高发展质量，遏制过度建设和重复建设，发展循环经济，尽量推进废弃产品和资源的回收再利用，节能降耗，发展绿色低碳能源。文章发布于 2021 年 12 月 8 日。

实现双碳目标　要秉承"不拖、不急"原则

本文为清华大学气候变化与可持续发展研究院常务副院长李政在"建设世界一流低碳企业"发展论坛上发表的主题演讲。李政在演讲中表示，能源系统转型是绿色低碳转型的重点和关键，转型过程中，把握好新能源发展与传统化石能源转型的配合及节奏是关键和智慧所在。文章发布于 2021 年 10 月 27 日。

加快基础能力建设，打造低碳钢铁园区

钢铁行业需要加快突破氢能炼钢、CCUS 和生物质应用等关键技术难题，也需要努力探索如何节约用钢需求和构建智慧能源工业园区。而促进跨学科交流与合作对于实现这些基础能力建设至关重要。本文为围绕这些课题与麻林巍所进行的访谈记录。

加快基础能力建设，打造低碳钢铁园区

本文为围绕这些课题与麻林巍所进行的访谈记录。麻林巍指出，钢铁行业需要加快突破氢能炼钢、CCUS 和生物质应用等关键技术难题，也需要努力探索如何节约用钢需求和构建智慧能源工业园区。而促进跨学科交流与合作对于实现这些基础能力建设至关重要。

技术选择和行业竞争促进钢铁碳中和

钢铁行业低碳转型不仅局限于钢铁行业自身，还需要在保证碳达峰的前提下，分别处理好经济发展、技术选择和行业竞争这三个方面的关系，其中关键在于需要克服技术发展的不确定性和投资成本问题。本文为围绕这些课题与欧训民所进行的访谈记录。

技术选择和行业竞争促进钢铁碳中和

钢铁行业低碳转型不仅局限于钢铁行业自身，还需要在保证碳达峰的前提下，分别处理好经济发展、技术选择和行业竞争这三个方面的关系，其中关键在于需要克服技术发展的不确定性和投资成本问题。本文为围绕这些课题与欧训民所进行的访谈记录。

加强在线检测技术研发，助力智慧化实现碳达峰碳中和

在线监测技术是我国未来发展的重要方向，具有节能增效、优化工艺、助力监管等多重功能。激光诱导击穿光谱（LIBS）技术是极具广泛应用潜力的化学成分在线检测技术，助力于全国碳市场的稳健运行，在钢铁行业中有广泛应用前景，有望为碳达峰碳中和提供"智慧"支持。本文为围绕这些课题与侯宗余所进行的访谈记录。

如何推进新时代新能源高质量发展
这个方案给出了答案

本文为麻林巍就《关于促进新时代新能源高质量发展的实施方案》接受人民网采访，解析新时代新能源高质量发展的重点任务，指出促进新能源高质量发展必须树立"避免浪费、效能为先"的高质量发展意识，推动新能源产业健康有序发展。文章发布于 2022 年 6 月 9 日。

第三章
热点问题的行业观点

"金属碳中和"是一个复杂的议题，虽然国家已经出台了众多的相关政策，但这些政策能否顺利贯彻落实，还取决于行业的实际情况。为此，本报告搜集整理了在调研访谈过程中得到的一些行业观点，与各位读者分享交流。

一、钢铁行业的低碳发展要平衡好发展与减排的关系，更加注重行业的可持续发展

钢铁行业的低碳发展不是一个简单的节能环保问题，而是牵涉了整个行业的发展方式问题；是一个动态的、不断调整的过程，必须在发展中减排、在减排中发展，而不是简单靠"关停"就能实现的。例如，在减碳的同时中国还将面临钢材产量上涨的压力，钢铁行业力争在"十四五"期间碳达峰意味着背后需要付出大量艰辛的努力。

二、钢铁行业的低碳发展必须从全生命周期的视角来综合衡量，做好全产业链和长期发展过程的技术安排

钢铁行业产业链较长，包括矿石开采、焦炭生产、冶炼加工和产品利用等。因此，必须从全生命周期评价角度来考量减排降碳，做到强化源头、严格过程、优化末端。鉴于中国钢铁行业发展特征和生产运行特点，现阶段应加快开发面向"高炉－转炉"钢铁工艺流程的降碳技术，同时强化原料端的碳减排和需求侧的材料节约。考虑到电炉炼钢的产品品质问题以及废钢资源可获性等问题，加快氢能炼钢等重大减排技术的研发非常重要，但这些技术的成熟仍需时日。

三、钢铁行业的低碳发展是一个多学科交叉问题，需要横跨资源、能源、环境等多学科领域的务实合作

钢铁行业的低碳发展不仅涉及冶金专业，还涉及能源、化工、环境以及碳捕获、利用与封存等交叉专业和领域。为此，希望高校能够与行业加强交流，整合优势，共同努力，互帮互助，开展务实性合作，为促进钢铁全产业链"双碳"目标的顺利实现做出积极贡献；紧密围绕"资源"和"能源"两大关键要素，结合国家政策、行业发展和企业需求，结合利益点、平衡点和关切点，做好相关课题研究。